心を伝える、すぐに役立つ

手紙・はがき・一筆箋の書き方マナー大全

杉本祐子著

主婦の友社

会いたくても会えない今は手紙で心を伝えたい

「結婚しました。時節柄、披露宴は行わずに新生活をスタートしました」

「父の喜寿のお祝いですが、おおぜいで集まるのは控えましょう」

「入院患者さんへのお見舞いは、当面禁止させていただきます」

「お届け物は、宅配ロッカーにお願いいたします」

そして、

「昨今の状況を考慮し、葬儀は近親者のみにてとり行います」


コロナ禍の中、こんな言葉にふれる機会が多くなりました。会いたくても会えない、直接言葉をかけたくてもそれができない日常がつづいています。結婚披露宴や葬儀はもとより、家族や友人との会食さえままならない毎日です。

そんな変化を受けて、手紙を書く場面も多様化しています。

これまでは、お礼状や送り状など、電話やメールでは失礼だからと、フォーマルな用件で便箋に向かうことが多かったものです。しかし、現在は、お祝いや慰めを直接渡すことができないから手紙をつけて送る、あるいは、届け物にメッセージを添えるなど、ふだんの暮らしの中で手紙を書く必要度が増してきました。

本書では、こうした状況に合わせ、便箋・封筒を使う礼儀正しい手紙の基本から、一筆箋やカードに向く気軽なショートメッセージまで、さまざまな目的に応じた豊富な文例を紹介しています。

なかなか思うように会えない今だからこそ、自分の気持ちをきちんと相手に届けたい——。そのために、本書がお役に立てば幸いです。

杉本 祐子

目次

PART 2

手紙の基本構成と季節のごあいさつ

PART 3 贈答の手紙・はがき

PART 4 お祝いごとの手紙・はがき

PART 5

お世話になったお礼の手紙・はがき

PART 6 書きにくい手紙

PART 7
お見舞いの手紙・お見舞いへのお礼の手紙

PART 8
葬儀・法要 お悔やみの手紙と遺族からの手紙

御香典

本書の使い方

手紙の目的をあらわします

どのような状況で、どんな気持ちを伝えたいのか、手紙の目的を説明しています。

だれからだれへの手紙か

夫婦からの手紙か、親がお世話になったお礼なのかなどが、すぐにわかります。

出産祝いへのお礼①（内祝の送り状を兼ねて）

夫婦連名➡お祝いをいただいた方

秋も深まってまいりましたが、皆様にはおすこやかにお過ごしのことと存じます。

さて、このたび、私どもの長男誕生に際しましては、**心あたたかいお祝いをいただき、まことにありがとうございました。**

おかげさまで、母子ともに経過は順調です。子どもは、未来に向かって大きく羽ばたいてほしいという願いを込めて「大翔（ひろと）」と命名いたしました。なにかと不慣れで、戸惑いも多い新米の両親ですが、二人で協力して子育てを楽しんでいこうと思っております。

皆様には、今後ともご指導やご助言をいただければ幸いです。

なお、ささやかながら内祝のしるしを別便にてお送りいたしましたので、お納めくださいますようお願いいたします。

寒さに向かいます折から、いっそうのご自愛をお祈りいたしまして、ご報告かたがた御礼を申し上げます。

ポイント

❶お祝いへのお礼／母子の健康状態や近況／子どもの名前と命名理由／の3点を盛り込む。
❷漢字の名前には、読みがなを書き添える。
❸子どもの写真を同封すると喜ばれる。

マナー **出産報告は最小限の範囲に**

出産後に「赤ちゃんが生まれました」と知らせるのは、パパママの実家、きょうだい、産休中の職場、妊娠を知っている親しい友人程度に。喜びのあまり、広い範囲に知らせると、お祝いを催促しているように受けとられてしまうこともあります。

アイコンにも注目

手紙（封書）、はがき、一筆箋、カードの使い分け

内容や相手によって、適した連絡方法を4種類のマークで示しています。

手紙（封書）　一筆箋　はがき　カード

ポイント　手紙の文例を考えるコツをあげています。文例をアレンジしたい場合は、ここを読んでから行ってください。

マナー　手紙といっしょに品物を送るときや、手紙に込める心遣いのマナーについて説明しています。

応用　別の言い回しや、状況に応じて書きかえるときの表現を紹介しています。

注意点　相手に失礼にならないように気をつけたいことを説明しています。

メモ　文例中の言葉についての説明や背景などを説明しています。

PART 1

礼儀正しい手紙を書きましょう

基本の「お手紙セット」をそろえましょう

「手紙は苦手」という人の多くは、すぐに手紙を書ける準備がととのっていません。まず、目的や相手を問わず、幅広く使える次の3点を常備しておきましょう。

1．白無地にけい線入りの便箋と封筒

便箋は、縦書き用、10行前後でけい線の幅が広めのものがおすすめです。けいが細いと、文章量が多くなり、全体の構成や文字の配置がむずかしくなります。

封筒は、縦型の和封筒（長形5号）が基本で、便箋と同じ紙質のものが無難です。定番的に販売されているシリーズなら、どちらかだけを買い足すときに便利です。便箋と封筒の紙質や色が違うと、あり合わせのものを組み合わせたような印象を与えてしまうこともあります。

なお、本来、便箋は、けい線なしの白無地が正式とされていました。けい線は、文字をそろえて書くための「補助線」なので、儀礼的な手紙の場合には、無地の便箋のほうがよいという理由です。しかし、今日では相手や用件を問わず、けい線入りの便箋を使ってもＯＫです。

横書きの便箋や、色柄入りの便箋・封筒は、カジュアルなものですから、友人や親しい間柄の相手に向けての手紙にとどめましょう。

ただ、薄いクリーム色や水色の無地便箋・封筒なら、あらたまった手紙に用いても、さしつかえありません。

2．白無地にけい線入りの「はがき箋」または「郵便はがき」

郵便局などで売られている郵便はがきは、書いたらすぐにポストに投函できるので便利ですが、けい線がないため、文字をまっすぐに書くのが案外むずかしいもの。手紙を書き慣れていない人は、けい線入りのはがき箋のほうが使いやすいでしょう。ただし、はがき箋の場合は、切手を別に準備して貼らなくてはなりません。

3．84円切手（封書用）と63円切手（はがき用）

普通切手でよいのですが、好みの特殊切手（記念切手）を購入しておき、目的や季節に合わせて使い分けると好印象です。受けとる相手は「切手にも気をつかってくれる人なのだな」とうれしくなるものです。

短い手紙に向くアイテムがあると便利です

【一筆箋】

一冊目は白または薄い色の無地・けい線入りを

文字どおり「一筆」添えるときに使います。多種多様な色柄の品が売られていますが、「白無地便箋」に近いイメージのものなら、取引先や子どもの学校の先生あてなど、あまりカジュアルにしたくない場合にも使えます。

無地の一筆箋は、けい線入りの下敷きとともに使いますが、気軽さの点では、けい線が印刷されているものがおすすめです。

使う機会が多いなら、春は桜、夏は金魚など、季節感のあるイラストが描かれた一筆箋をそろえておきましょう。時期に合わせて使い分けると、書く側も受けとる側も楽しいものです。

【カード】

目的に応じたメッセージと色柄を選ぶ

通常は、カードと封筒がセットになっており、1組数百円と、けっして安価な品ではありません。それだけに、相手のために準備したという特別な思いを届けることもできます。お祝い、お礼、お見舞いなどの目的に応じたメッセージや絵柄が印刷されたカードを選びましょう。

【ミニサイズの便箋】

紙が小さければ短い手紙でも便箋2枚に

一般的な便箋はB5サイズですが、A5（ビジネス文書などに用いられるA4の半分）サイズのものも売られています。便箋1枚だけの手紙に抵抗があるとき（下記参照）は、「小さな便箋に書いて、2枚以上にする」という方法も考えられます。

MEMO

便箋を使うなら2枚以上にわたるように書くのが無難

以前は「便箋1枚だけの手紙は失礼」とされていました。「三行半《みくだりはん》（離縁状）や決闘を申し込む果たし状は1枚だけで、それと同じ枚数は縁起が悪い」などの理由から、手紙が1枚で終わる場合は、2枚目に白紙の便箋を添えるのがマナーとされた時代もありました。

現在はそのようなしきたりは薄れていますが、便箋1枚だけの手紙がそっけない印象を与えることは事実です。短い手紙の場合は、けい線の太い便箋を使う、あるいはミニサイズの便箋を使うなどして、手紙文を2枚にわたらせるのが無難といえるでしょう。

ただし、お悔やみの手紙は「不幸が重なる」連想を避けるため、1枚だけでまとめます。

筆記具は事務的に見えないものを使います

「手紙は筆ペンか万年筆で書くのが正式、ボールペンはNG」は以前のマナー

昔から、重要な調印や署名には筆や万年筆、「つけペン（インクにペン先を浸しながら書くペン）」が正式な筆記具として用いられてきました。

一方、ボールペンは日常的な事務用品です。また以前の商品はインクがかすれたり、ダマになったりすることも多かったため、手紙に使うのは相手に対して失礼とされてきました。

しかし、現在、筆や万年筆が日常的なシーンで使われることはまれになりました。また、ボールペンの品質は向上し、インクの種類も豊富になっています。

筆やインクで書かれたような筆跡が重要

手紙用の筆記具として大事なのは「相手が、気持ちよく読めるかどうか」「自分が、必要以上に身構えずに書けるかどうか」です。使いやすい筆記具を選べばよいのですが、次の2点には留意します。

①はっきりとした筆跡になること

事務用の油性ボールペンでは、文字がグレーっぽくなってしまうことがあります。また、０・３㎜など細いペンの字は読みにくいものです。

②筆ペンならやわらかめより硬めの筆先

筆や筆ペンは、力の入れ方によって文字の線の太さが変わります。やわらかい筆先は、力の加減がむずかしいものです。

筆記具の特性を知って使いこなす

市販の筆記具には一長一短があります。筆ペン・万年筆以外なら、筆跡や使いやすさの点で、筆風サインペンかゲルインクボールペンがおすすめです。人気の「消せるボールペン」は、家族や友人などに向けて書くカジュアルな手紙に用いるのは許されるでしょうが、こすれたりするなどして、熱が加わると、文字が消えてしまいます。消えてしまう危険性を考えて、封筒の表書きやはがきの表裏に使うのは避けたいものです。

種類	構造・書き方	特徴
筆ペン	合成樹脂を束ねた筆先に、内蔵されたインクを含ませて使う	○本格的な筆文字のような仕上がり △線の太さの調整がむずかしい
万年筆	金属のペン先に、インクを供給しながら使う	○独特の筆跡で味わいがある △長期間使用しないとインク詰まりのおそれ
おすすめ **筆風サインペン**	ペン先が硬く、サインペン感覚で書けるが筆のような筆跡になる	○テクニックいらずで筆文字の仕上がり △ボールペンに比べるとやや高価
油性ボールペン **水性ボールペン** おすすめ **ゲルインクボールペン**	ペン先に回転する小さな球がついており、その球が回転することで軸内のインクをしみ出させながら使う	○ふだんから使い慣れている △油性ボールペンは、かすれやダマが起こることもある

便箋の文字の配置1　縦書き

お歳暮をいただいたお礼

本人→知人

前文（はじめのあいさつ）｜主文（手紙の目的＝お礼）｜末文（結びのあいさつ）｜あとづけ

❶拝啓□❷本年も残すところあとわずかとなり、お忙しい毎日をお過ごしのことと存じます。
❸鈴木様❹には、日ごろからたいへんにお世話になり、あらためて心より御礼を申し上げます。
□さて、このたびはごていねいなお心づくしの品をご恵贈いただきまして、まことにありがとうございました。
□寒い季節にはたいへんうれしい品で、❺家族とともにさっそく堪能させていただきます。
いつもながらのごていねいなお気遣いに恐縮しております。
□今後とも変わらぬおつきあいをお願い申し上げますとともに、明年の鈴木様のますますのご健勝とご発展をお祈りいたします。
□まずは略儀ではございますが、書中をもちまして御礼とごあいさつを申し上げます。

敬□具□❻

❼□□十二月十日

神田❽　友実

❾鈴木一郎様
和子様

❶「拝啓」などの頭語は行頭から書く

敬意を示すために行頭から書きます。

❷頭語のあと1文字分あけて時候（季節）のあいさつをつづける

「拝啓」だけで改行し、次の行に時候のあいさつを書くのは、本来の方法ではありません。

×例

拝啓
本年も残すところあとわずかとなり……

❸相手側をさす言葉（鈴木様など）を行末にしない

行末になりそうなときは、文章の前後を入れかえて調整するか、改行して次の行頭に書きます。

❹主文は、改行して1文字分下げて書き始める

その後も必要に応じて改行します。

❺自分側をさす言葉（家族など）を行頭にしない

③と同様に調整します。

❻「敬具」などの結語の位置に注意する

「敬　具」と文字の間をあけ、行末より1文字分上の位置におきます。手紙文の最終行の下に余白があれば、同じ行に結語を書いてもかまいません。

❼日付は改行し、1～2文字分下げて書く

プライベートな手紙の場合は、「年」を省き「月日」だけを書くのが一般的です。

❽差出人の名前は日付の次の行の行末に

家族の代筆で書くときは、本来の差出人名の左下に小さく「内（妻が夫の代筆をする場合）」または「代（代筆全般）」と書きます。

神田　友一
内

❾あて名は行頭から大きめの文字で

敬意をあらわすため、本文や差出人名よりやや大きめの文字で書くとよいでしょう。連名の場合は、それぞれに敬称（様）をつけます。2人目に「様」をつけなかったり、一つの「様」を複数の名前に共用させるのは失礼です。

便箋の文字の配置2　横書き

お祝い（入学祝い）の送り状

本人→親戚

あて名
❶早苗様

前文（はじめのあいさつ）
□❷桜の便りが聞かれるころとなりましたが、
❸皆様にはお元気でお過ごしのことと存じます。
日ごろは、ご無沙汰ばかりでまことに申し訳ありません。❹私どもも、皆変わりなく過ごしております。

主文（手紙の目的＝お祝い）
□❺さて、4月には陽菜ちゃんもいよいよご入学ですね。
ほんとうにおめでとうございます。
□お子様の成長の大きな節目を迎えて、
早苗さんもほっと一安心なさっているのではないでしょうか。
□心ばかりではございますが、ご入学のお祝いを同封いたしますのでお納めくださいませ。

末文（結びのあいさつ）
□三寒四温というのでしょうか、天候が定まらない日がつづいております。どうぞご自愛の上、おすこやかにご入学のよき日をお迎えくださいますように。
□まずは書中にて、お祝いを申し上げます。
❻かしこ□

あとづけ
❼□□3月16日
❽神田　友子

❶相手に呼びかけるように書き始めてもＯＫ

あらたまった手紙は縦書きにするのが基本ですが、親しい相手へは横書きにしてもかまいません。あて名から書き始めれば、相手に話しかけているような、親しみのこもった文面になります。ただし、あて名は、縦書きの場合と同じように、最後に書いてもＯＫです。

❷頭語は省いてもかまわない

「拝啓」などの頭語から書き始めるのは、手紙の絶対的なルールではありません。縦書きの場合でも、省いてもＯＫです。横書きの場合、時候のあいさつは「＊＊の候」ではなく、平易な表現のほうがふさわしいでしょう。

❸相手側をさす言葉（皆様、お子様など）を行末にしない

縦書きの場合と同じです。行末になりそうなときは言葉の入れかえか、または改行で調整します。

❹自分側をさす言葉（私どもなど）を行頭にしない

③と同様に調整します。

❺主文は、改行して1文字下げて書き始める

その後も必要に応じて改行します。メール文の要領で、改行のたびに1行あけて読みやすくしてもよいでしょう。

❻「かしこ」も行末より1文字分上の位置に

頭語を省く場合は、女性なら「かしこ」で結ぶとまとまりがよくなります。ただし、仕事上の相手への手紙には「かしこ」は用いません。

❼日付は算用数字で書く

行頭から1〜2文字分下げて書きます。お祝いの手紙では、「3月吉日」としてもＯＫです。

❽差出人の名前は最後に

メールでは、冒頭に自分の名前を名乗ることもありますが、手紙では、自分の名前は最後に書くのがルールです。

はがき通信面の文字の配置

無地はがき・けい線入りはがきの場合

お礼の品の送り状

本人→友人

前文（はじめのあいさつ）	主文（手紙の目的＝お礼と送付の案内）	末文（結びのあいさつ）

❶□街がクリスマスのイルミネーションに彩られる季節となりました。

❷□先日、＊＊を訪れました際には、あたたかいおもてなしにあずかり、ほんとうにありがとうございました。

□きょう、デパートを歩いていましたら、美由紀さんのお好きそうな和菓子を見つけましたので、別便にて少々送らせていただきました。皆様でお召し上がりいただければ幸いです。

□また、近いうちにお目にかかり、楽しいお話ができることを祈りつつ、❸一筆お礼まで。

❶頭語と結語は省いてもよい

はがきは、手紙に比べると略式の手段です。「拝啓」「敬具」は「つつしんで申し上げます（ました）」というあらたまった意味を持つ言葉ですから、はがきでは省いてもかまいません。ただし、ビジネス上の連絡やあいさつ状では頭語と結語を入れるほうがていねいな印象になります。

❷適宜改行しながら書き進める

便箋に書く場合と同じです。

❸結びの言葉は簡潔に

「まずは＊＊まで」「取り急ぎ＊＊を申し上げます」程度の簡単なあいさつで結ぶのが自然です。

イラスト入りはがきの場合

お中元のお礼状

本人➡友人

○例

このたびは、ごていねいなお心遣いをいただき、
まことにありがとうございました。
このところ夏バテ気味でしたが、
のどごしのよい＊＊は、何よりの
ごちそうとなりました。
ご夫妻とも、お変わりなくお元気で
お過ごしのようでなによりと存じます。
また近いうちにお二人で拙宅に遊びに
いらしてくださいませ。
暑さ厳しき折ですが、ご自愛を祈りつつ、
まずは御礼申し上げます。
かしこ

◎イラスト部分に文字が重ならないように書く

文章の区切りがよいところで、随時改行しながら書きます。「ご夫妻」など、相手側をさす言葉が行末にならないよう、また「拙宅」など、自分側をさす言葉が行頭にならないように注意しましょう。

×例

このたびは、ごていねいなお心遣いをいただき、まことにありがとうございました。このところ夏バテ気味でしたが、のどごしのよい＊＊は、何よりのごちそうとなりました。

ご夫妻とも、お変わりなくお元気でお過ごしのようでなによりと存じます。

また近いうちにお二人で拙宅に遊びにいらしてくださいませ。

暑さ厳しき折ですが、ご自愛を祈りつつ、まずは御礼申し上げます。

かしこ

×無地のはがきに書くようなレイアウトだと読みにくい

イラストと文字が重なってしまうと読みにくく、せっかくのイラストが台なしです。また、印刷によっては、インクがイラスト部分にのらずに、紙を汚してしまうこともあります。

一筆箋の書き方

あらたまった相手への基本（無地、けい線入りの一筆箋）

日常的な連絡

親 ➡ 子どもの学校の先生

❶山本先生
❷□いつもお世話になっております。卓也ですが、昨日、転倒して足首を痛めてしまいました。
□登校はさせますが、体育の授業は見学させていただきたく存じます。どうぞよろしくお願いいたします。
❸五年一組　中村□

❶相手の名前から書き始める

一筆箋に書式のルールはありませんが、あて名から書き始めると、相手に呼びかけているような親しみのある文面になります。

❷基本的には改行ごとに1文字分下げる

数行の短い文章なので、段落を作らなくてもかまいません。ただ、子どもの学校の先生や仕事上の相手など、ややあらたまった相手には、通常の手紙のように改行ごとに1文字分下げて書き進めるとよいでしょう。

❸自分の名前は最後に

文例ではクラス名も入れていますが、相手によっては姓名だけ、あるいは下の名前だけでもOKです。

親しい相手への基本（地模様タイプの場合）

品物を送るときの添え状

本人→友人

親しい相手にはふだん呼びかけているように

フルネームでなく、下の名前だけでもＯＫです。また「様」を使わず「さま」「さん」あるいは「ちゃん」など、ひらがなにすることでソフトな印象になります。

無地感覚の一筆箋なら区切りのよいところで改行しながら書く

親しい相手には、好みの色柄のものを使って、季節感や気分を表現するのも楽しいものです。

全体に地模様が入っているような柄の場合は、無地の場合と同じように、区切りのよいところで改行しながら書きます。

知美さま
お電話でお話しした、コンサートのチケットを
お送りします。日程がせまってからのご連絡でしたが、
ご都合がついてよかったわ。楽しんできてくださいね。
また、近いうちランチをごいっしょしましょう。
佐和子

親しい相手への応用（イラストタイプ）

軽いお礼メッセージ

本人→友人

佐和子さま
先日は、思いがけずチケットをいただきうれしかったわ。
すばらしいピアノ演奏を心ゆくまで堪能してきました。
ささやかなお礼をお送りします。
お口に合うとうれしいのですが。
知美

絵柄を避けて書き進める

はっきりした絵柄の場合は、上に文字がのらないように書きます。書き始める前に、文字の配置や改行する場所の目安をつけておきます。

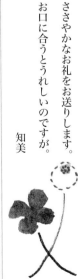

あて名と差出人の書き方1 和封筒・基本

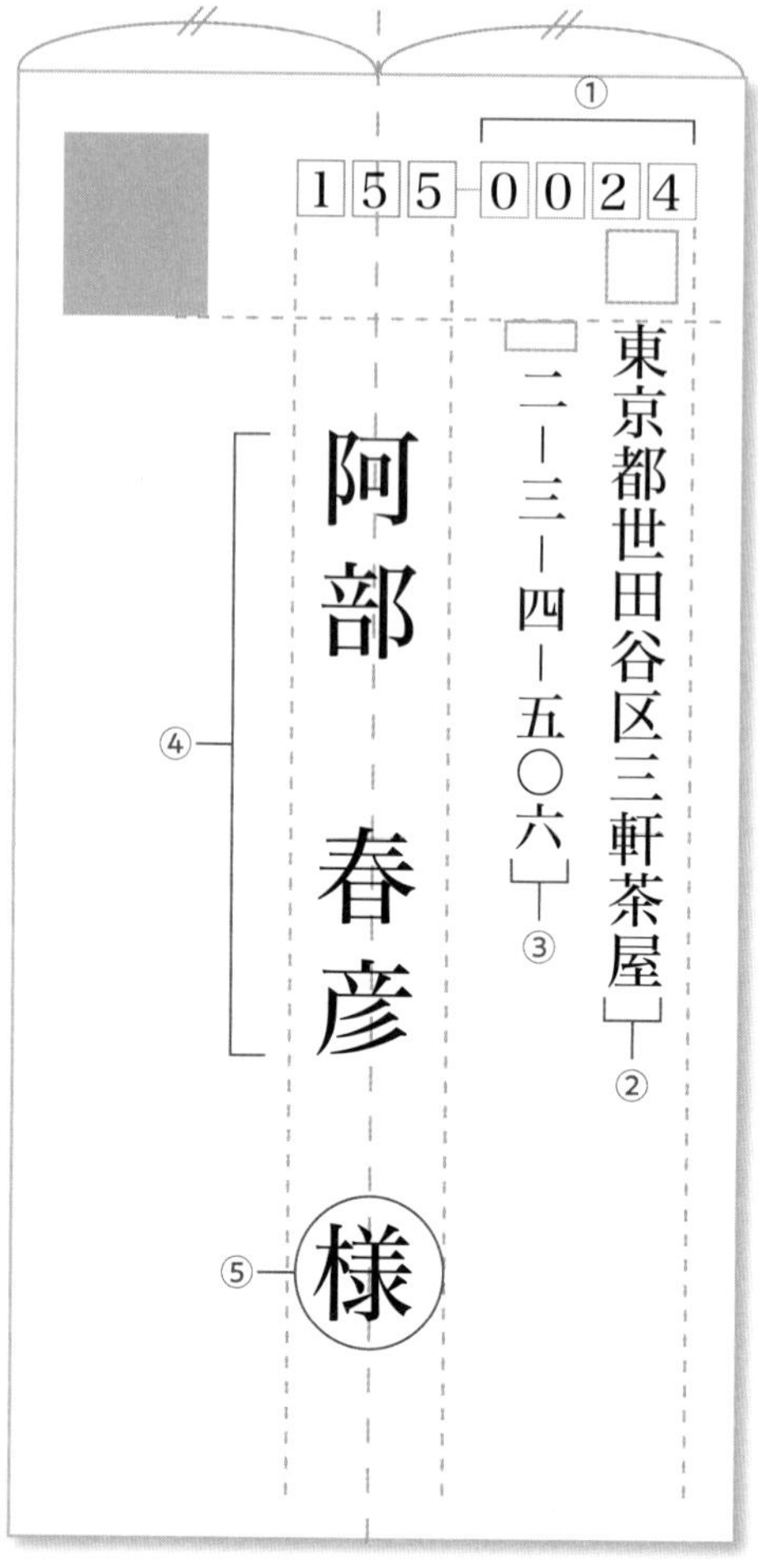

表

あて名

郵便番号枠をガイドラインにして文字の位置をそろえると書きやすい

①住所の位置

郵便番号枠の右4ケタの幅内におさめるように書くのが目安。

②住所1行目

枠の1cmほど下から住所を書き始める。

③住所2行目

少し行頭を下げ、1行目より小さめの文字で書く。

④名前

郵便番号枠の左から2つ目が封筒のほぼ中央。名前はその中央線の上に、住所よりも大きめの文字で書く。

⑤敬称

「様」が住所の行末より下になるようにすると、バランスよく見える。

裏

差出人の住所氏名

現在は住所氏名ともに左側に寄せて書くのが一般的

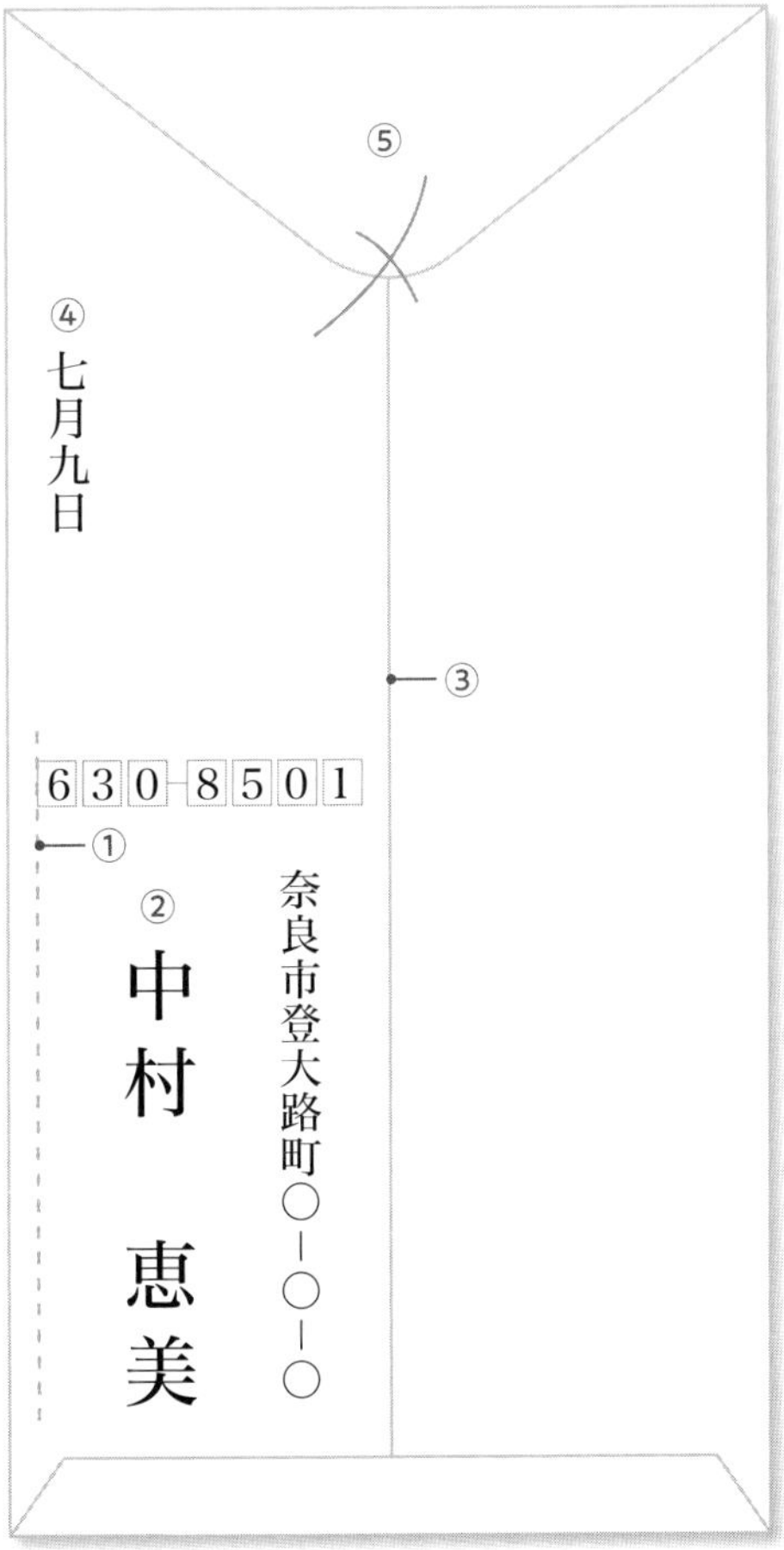

①位置

郵便番号枠が印刷されている場合は、枠の幅内に住所氏名がおさまるように書く。

②名前

住所より大きめの文字で。最後の文字が住所の行末と同じ、またはやや下になるようにすると美しく見える。

③封筒の継ぎ目

正式には、封筒の継ぎ目の右に住所、左に名前を書くが、現在は郵便番号枠の印刷に合わせて左側に寄せて書くのが主流。

④日付

郵便番号枠の上部に書く。

⑤封字

「きちんと封をしました」という意味で、ふたと本体の両方にかかる位置に「〆」と書く。

MEMO

封筒の継ぎ目の左右に住所と氏名を分けて書くのが本来の方法

左のように書くのが本来のしきたりでした。しかし、現在は、郵便番号枠が左側に印刷されている封筒が一般的になり、マナーも変化しています。

あて名と差出人の書き方2　和封筒・応用

会社あてに出すとき

役職名（肩書）は名前の上に小さく書く

①社名

行頭から書く。（株）などと略さずに正式な社名で。

②役職名

名前の上に小さい文字で書く。

役職名が長いとき①

区切りのよいところで改行して2行にする

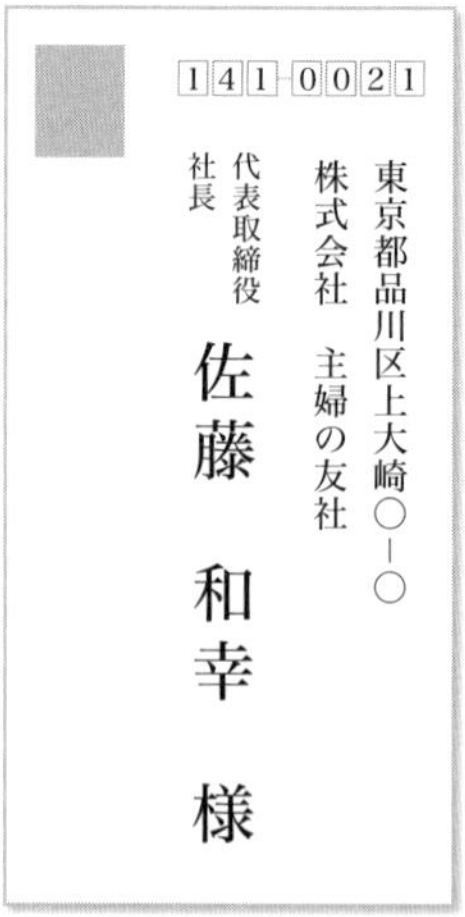

役職名

「代表取締役社長」など5～10文字の場合は「代表取締役」「社長」と2行にする。

役職名が長いとき②

名前の右に小さく添えてもよい

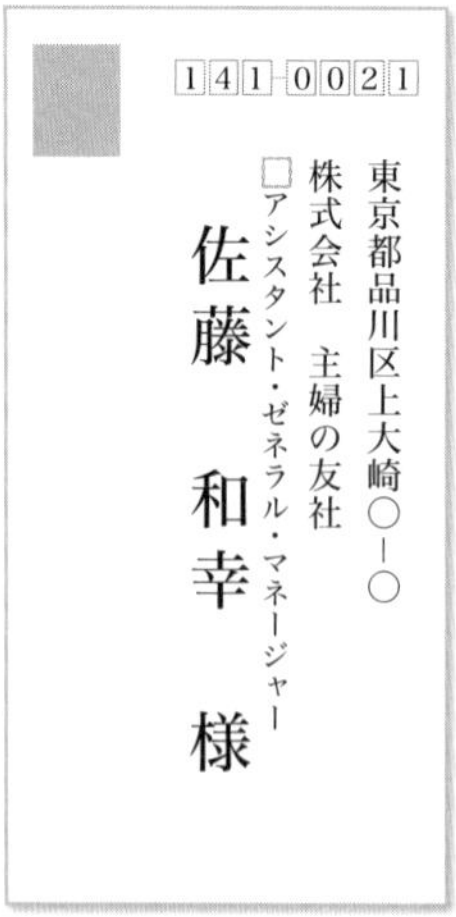

役職名

10文字以上の場合は、社名・部署名の次の行に1文字分程度下げて書く。

あて名を連名にするとき

「様」などの敬称は一人ずつにつける

①連名

夫婦など、同姓の場合は、下の名前だけを並べて書く。

②敬称

2人分を兼用させて「様」を1つだけ、あるいは2人目の名前に「様」をつけないのはNG。

寄宿先（里帰り出産中の女性や、子どもの家に同居する親あて）に送るとき

相手は「〇〇様方」、自分なら「△△方」

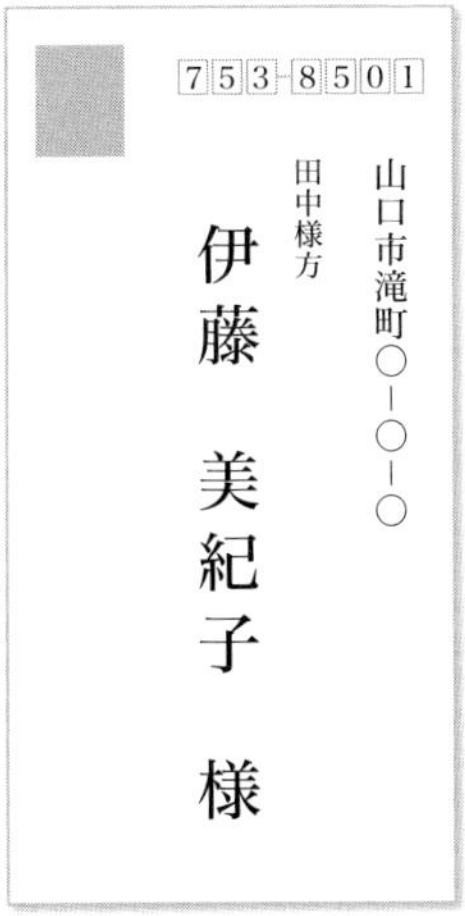

寄宿先

あて名の右肩に小さく「〇〇様方」と書く。

家族の代筆で出すとき

代筆であることを明記する

代筆

本来の差出人名を書き、左下に小さく「代」と書く。妻が夫の代筆をする場合には「内」または「内　由美子」などとすることもある。

あて名と差出人の書き方3　洋封筒（洋形2号など）

洋封筒に縦書き（表）

幅広なので、行間のバランスを考えて書く

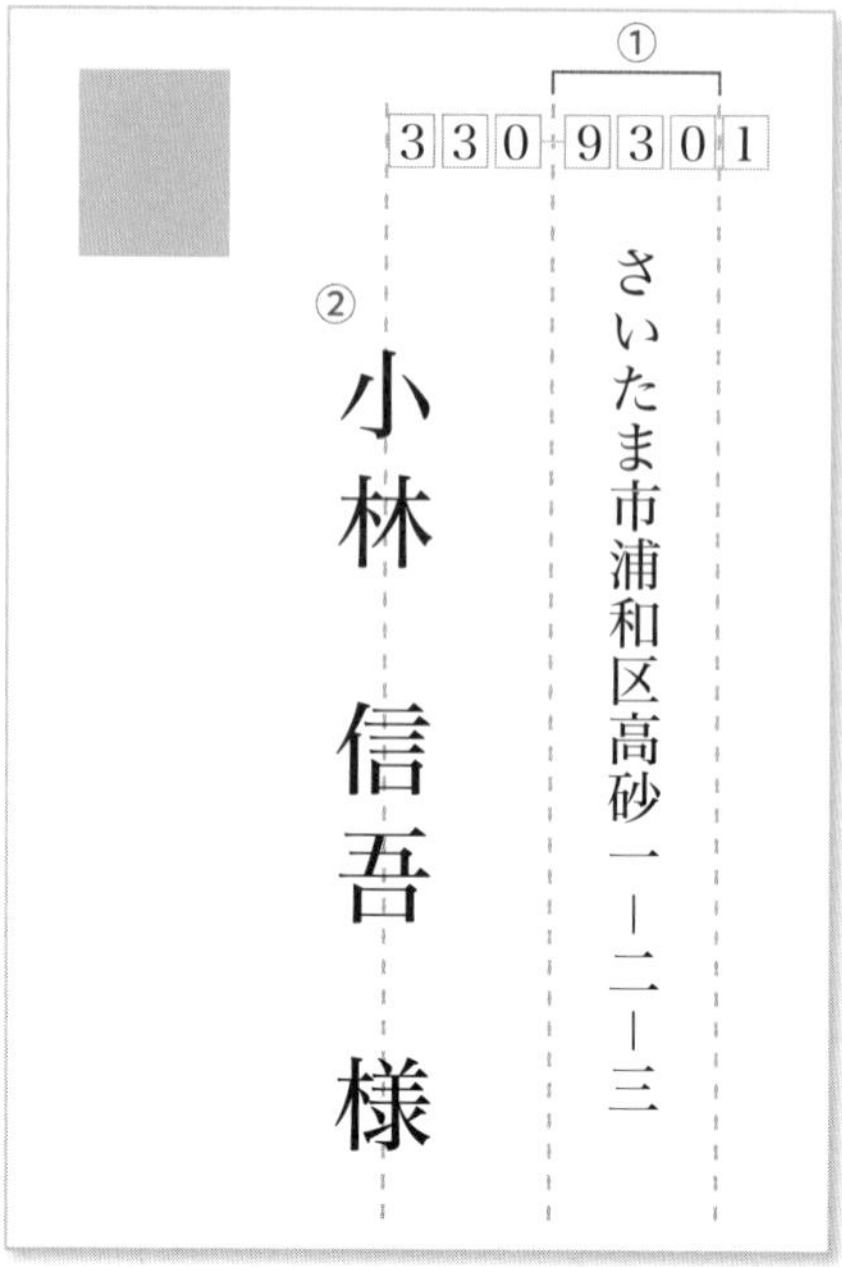

①住所

郵便番号枠の右３ケタ分の幅内に書く。和封筒より幅広なので、バランスに注意。

②名前

郵便番号枠の左端が、封筒のほぼ中央。名前はその中央線の上に、住所よりも大きめの文字で書く。

洋封筒に横書き（表）

封筒を縦長においたとき左上になる場所に切手をはる

①切手

読み取りシステムの都合上、洋封筒を横おきで使う場合は右上に切手をはる。

②あて名

封筒の中央線より下になるように書くと重心が定まり、バランスよく見える。

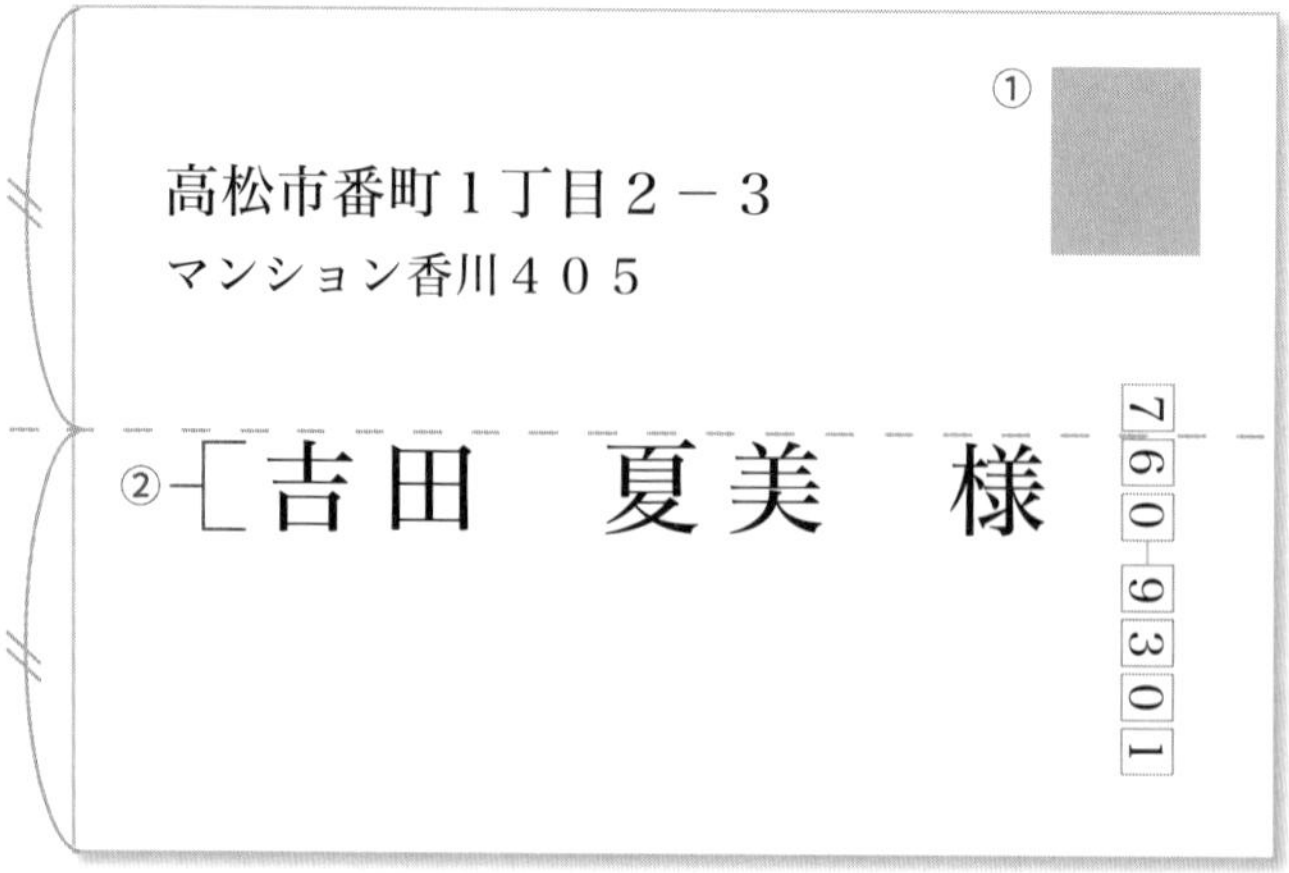

洋封筒に縦書き（裏）

封字（〆）は書かなくてもよい

①住所氏名

封筒の継ぎ目に文字がかからないように書く。

②封字

洋封筒の場合は「〆」は書かなくてもよい。欧米では「〆」などの封字ではなく、シーリングワックスというロウを封のしるしにしていたため。また「〆」が「×」に見え、あらぬ誤解を生むこともある。

洋封筒に縦書き（裏・弔事の場合）

左からふたをかぶせる向きで使う

封筒の向き

不幸のときは、通常と逆の「左封じ」にするという日本の慣習にならって、封筒も逆向きに使う。この場合は、郵便番号枠が印刷されていない封筒を選ぶ。

洋封筒に横書き

横書きの場合は、算用数字を使う

住所氏名

縦書きの場合と同様、封筒の継ぎ目に文字がかからないように書く。住所の枝番や日付は算用数字を使うのが自然。

あて名と差出人の書き方4　はがき

通常はがき・はがき箋（裏面が通信面）

郵便番号枠の幅の中にあて先をおさめるように書く

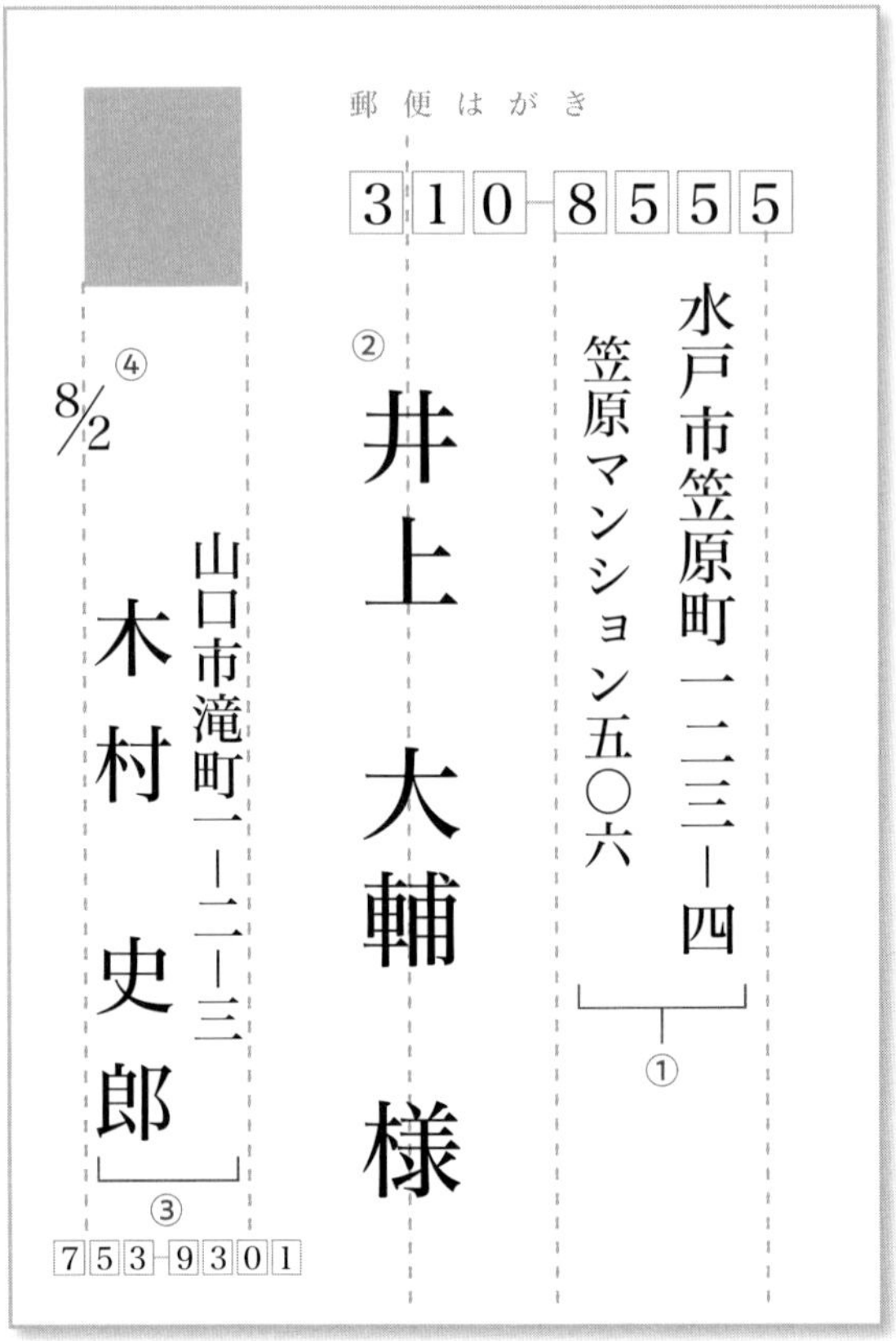

①住所

郵便番号枠の右４ケタの幅内におさめるように書くのが目安。

②名前

郵便番号枠の左端と２つ目の間がほぼ中央。名前はその中央線の上に、住所よりも大きめの文字で書く。

③差出人

切手部分の幅内におさめるように書く。

④日付

スペースがあれば「〇月〇日」とするのがよいが、はがきの場合は略記してもよい。

絵はがき・ポストカード（縦書き）

はがきの上半分にあて先と差出人の両方を書く

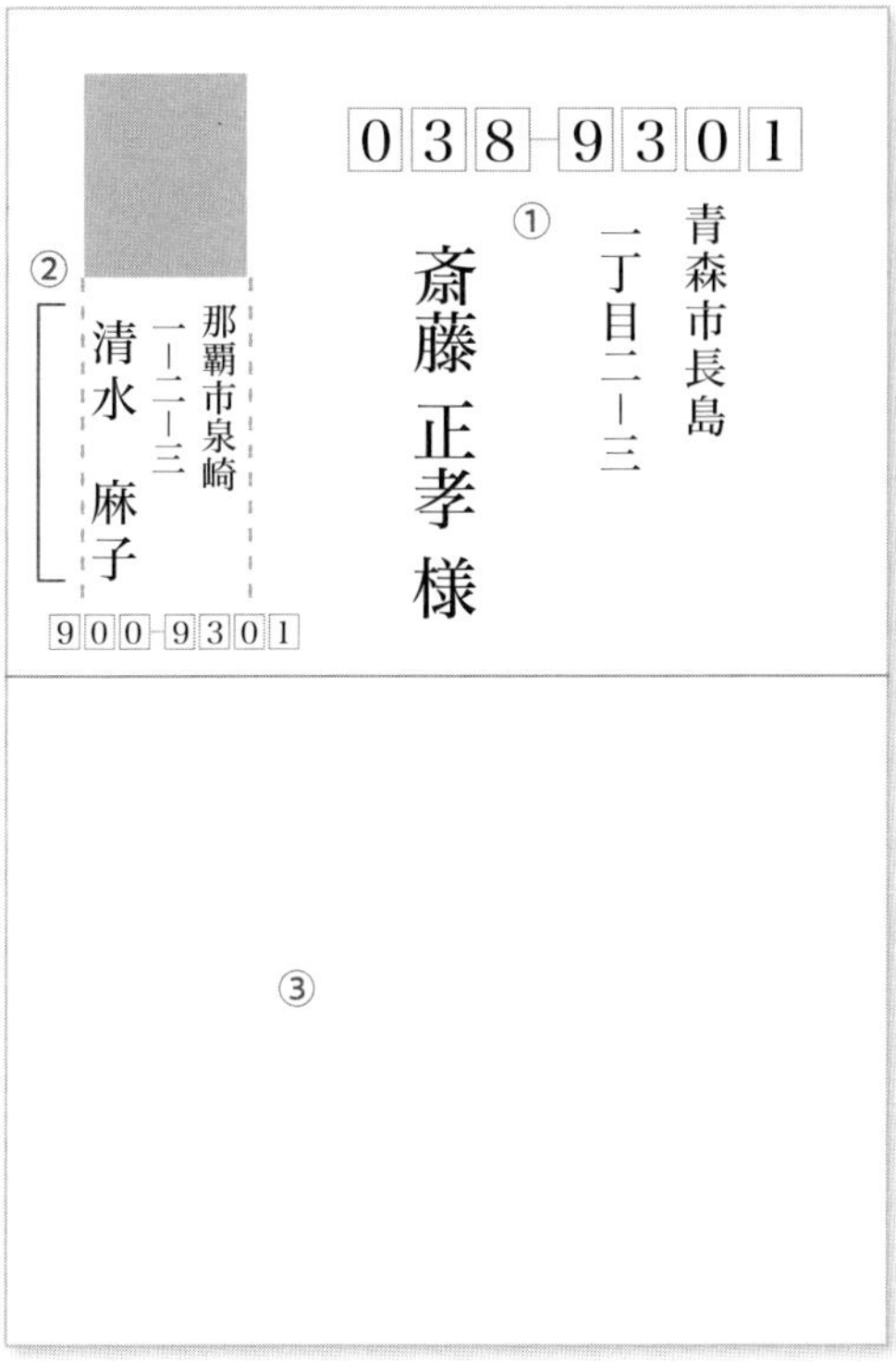

①あて名

スペースが小さいので、バランスを考えたあとで書き始める。

②差出人

切手部分の幅内におさめるように小さめの文字で書く。

③通信文

はがきの下部２分の１を超えないように書く。

絵はがき・ポストカード（横書き）

左側に文章を書き、右上に切手をはる

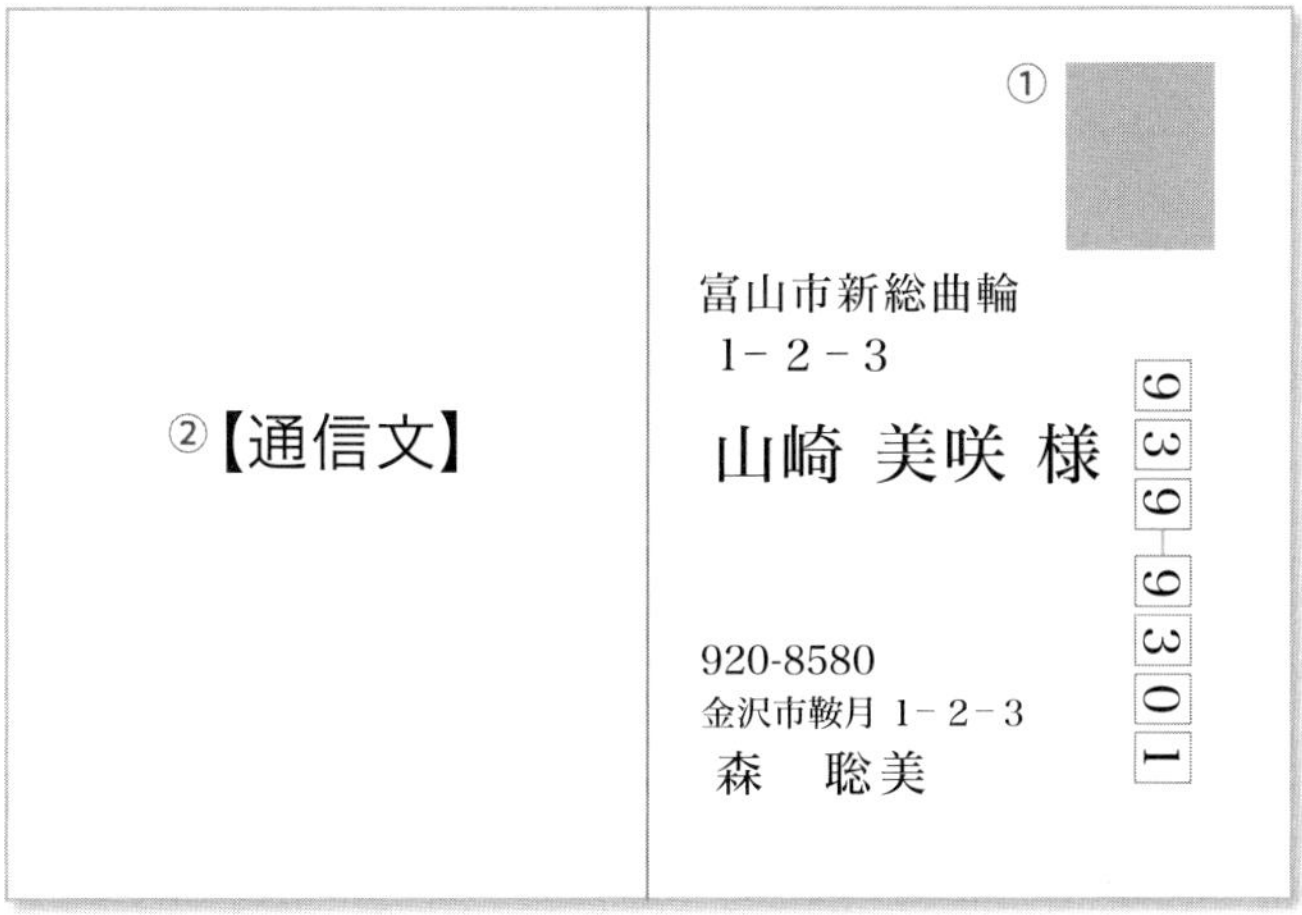

②通信文

はがきを横長に使う場合は、あて名が右側、通信文が左側になる。

①切手

表書きと方向をそろえてはる。

便箋の折り方と封筒への入れ方

相手が開封して便箋を開いたら書き出し部分が見えるようにする

便箋の折り方は何通りも考えられますが、封筒から便箋をとり出して開いたときに、手紙の書き出しが目に入るように折ることが大事です。

また、開封するときに便箋をハサミで切ってしまわないよう、折り山が上にならない向きにし、封筒の下部までさし入れましょう。

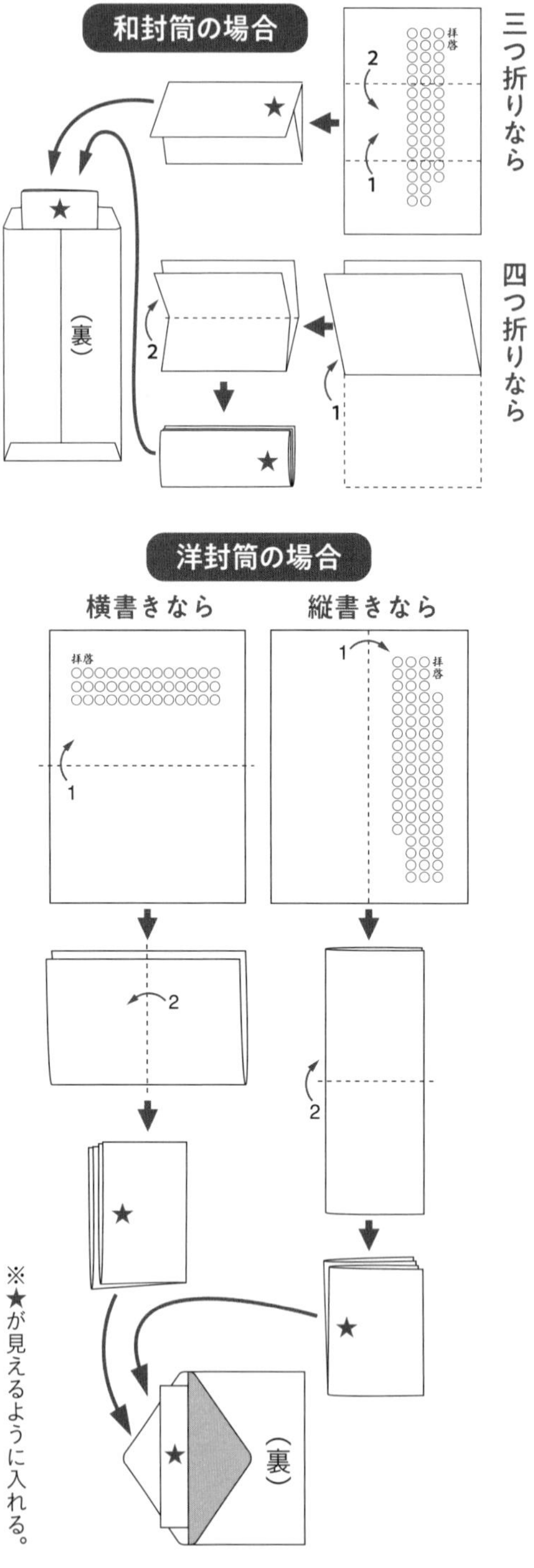

※★が見えるように入れる。

PART 2

手紙の基本構成と季節のごあいさつ

手紙文は始めと結びのあいさつが大事です

手紙文は、基本的に次の4つのブロックから構成されます。この形式が苦手という声もよく耳にしますが、ふだん相手と話すときに「こんにちは」と話し始め、「ではよろしくお願いいたします」と結ぶのと実は同じです。

各ブロックには、いくつかの要素がありますが、すべて入れなくてはならないわけではありません。必須の★以外は適宜アレンジしてOKです。

そのまま使える！　手紙の基本的な構成

※時候（季節のあいさつ）を調整すれば、目的を問わずに使える構成です。

	内容	話し言葉では	手紙での文例
前文	①頭語	こんにちは	①拝啓　②朝夕はいくぶん過ごしやすくなってきましたが、③皆様にはお元気でお過ごしのことと存じます。
	②時候（季節）のあいさつ	あたたかくなりましたね	
	③安否のあいさつ★	お元気でしょうか	

前文	④感謝やおわびのあいさつ★	いつもお世話になっております ご無沙汰ばかりで申しわけありません	④日ごろはなにかとお心にかけていただき、心より感謝しております。
主文	⑤手紙の用件★	きょうご連絡しましたのは……	⑤さて、（手紙の用件を書く）
末文	⑥結びのあいさつ	おからだに気をつけて	⑥季節の変わり目ですので、おかぜなどお召しになりませんよう、どうぞご自愛ください。 ⑦まずは書中にて御礼（お祝い／お願いなど手紙の目的を書く）申し上げます。
	⑦締めくくりの言葉	よろしくお願いいたします	
	⑧結語	さようなら	⑧敬　具
あとづけ	⑨日付		⑨九月八日
	⑩差出人名（とあて名）		⑩池田　俊夫

頭語と結語の組み合わせは決まっています

ポイント

一般的な手紙では拝啓―敬具、あらたまった手紙では謹啓―謹言（または謹白）を使うのが基本です。

ソフトにまとめたいなら話し言葉調で

話し言葉の「こんにちは」にあたるのが頭語で、「拝啓」が代表格です。また、「さようなら」にあたるのが「敬具」などの結語です。

「拝啓」と「敬具」は、どちらも「謹んで申し上げます」という意味があります。

頭語・結語は、手紙の内容によって、正しい組み合わせを用いることがたいせつです。

礼儀正しい手紙にしたいとき、仕事上の連絡をするときには左表の「男女兼用」の漢語表現、親しみを込めたいとき、やわらかい印象にしたい女性の手紙では、話し言葉調の表現を使います。

MEMO

「前略」は前文をすべて省略すること

前文に含まれる、季節のあいさつや安否を問うあいさつをすべて略すのが「前略」です。

〇　前略　**ご入院と伺い、驚いています。**

〇　前略　**＊＊の件でご連絡いたします。**

など、とるものもとりあえず手紙を出すときに用います。

×　前略　**お元気ですか。**

×　前略　**寒い日がつづいていますね。**

など「前略」のあとに、前文の要素を加えるのは誤りです。

頭語と結語の組み合わせ

内容	具体的な例	頭語 男女兼用	頭語 主に女性が使う書き出し	結語 男女兼用	結語 主に女性が使う結語
一般的な手紙	左欄の例以外全般	拝啓／拝呈／啓上	一筆申し上げます	敬具／敬白／拝具	かしこ ※漢語（男女兼用）の頭語で始めたときは使わない（男女兼用の結語を使う） ※仕事上の手紙では用いない
正式な手紙	冠婚葬祭などの儀礼的な用件	謹啓／謹呈／恭啓	謹んで申し上げます	謹言／謹白／敬白	
前文を略す手紙	事務的な連絡・とり急ぎのお見舞いなど	前略／冠省	前略ごめんください 前略失礼いたします	草々／不一／不備	
急用のとき	とり急ぎの連絡・おわび状など	急啓／急呈	とり急ぎ申し上げます	草々／不一／不備	
相手の手紙への返信	送り状に対するお礼状・依頼状に対する返事など	拝復／復啓／謹復	お手紙ありがとうございました	敬具／拝答／敬答	
初めて手紙を出すとき	面識のない相手への依頼やお礼など	拝啓／拝呈／啓上	初めてお便りをさし上げます／突然お便りをさし上げる失礼をお許しください	敬具／敬白／拝具	
重ねて手紙を出すとき	相手からの返事が来る前に再度連絡するとき	再啓／再呈	重ねて申し上げます／たびたび失礼ながらお便りいたします	敬具／敬白／拝具	

時候のあいさつ 1月

睦月《むつき》

正月に親族が集まる、
「睦び（親しくする）の月」

親⬇親戚

お年玉をいただいたお礼

おすこやかに新年をお迎えのことと存じます。ごていねいに、息子たちへお年玉をお贈りいただき、ありがとうございました。実は下の子の誕生を機に子どもたち名義の通帳を作りましたので、叔母様からのお年玉を記念すべき第一号として記帳いたしました。将来にわたり、有効に使わせていただきます。

御地は大雪とのこと、くれぐれもご自愛ください。まずはお礼のみにて。

ポイント

1月半ばまでは新年のあいさつを入れるのが一般的です。

小寒と大寒の期間を「寒中」と呼ぶ

「小寒」「大寒」は、太陽の動きをもとに、1年を24等分した二十四節気の名前です。毎年同じ日付にはなりませんが、1月6日ごろ〜20日ごろが小寒、1月21日ごろ〜2月3日ごろが大寒、そして翌2月4日ごろが立春となります。寒中見舞いの「寒中」は、小寒と大寒の期間という意味です。時候のあいさつに用いるときは、時期はずれにならないよう注意しましょう。

漢語調のあいさつ

1月ならいつでも ◆寒冷の候 ◆厳冬の候

初旬向き ◆新春の候 ◆初春の候 ◆小寒の候

下旬向き ◆晩冬の候 ◆大寒の候

書き出しの文例

◆初春のお慶びを申し上げます。（年賀状を出していない相手に）

◆寒中お伺い申し上げます。（8日以降）

◆寒に入り、いよいよ冬も本番となりました。（上旬・中旬）

◆風花が輝く季節となりました。

◆暦の上では大寒を迎えましたが、おだやかな天候がつづいております。（下旬）

★寒中お見舞い申し上げます。

★皆様おそろいで楽しいお正月をお迎えのことでしょう。（上旬）

★松飾りもとれ、ようやくいつもの毎日が戻ってまいりました。（8日〜15日ごろまで）

★そちらは美しい雪景色が広がっていることでしょう。

★春が待ち遠しいころとなりました。

結びの文例

◆新しい年がご家族皆様にとって実り多き年になりますようお祈りしております。（上旬）

◆寒さ厳しき折から、おかぜなど召しませぬようご自愛くださいませ。

★寒さはこれからが本番。ご自愛ください。

★今年も変わらぬおつきあいをよろしくお願いいたします。（上旬）

MEMO

漢字の持つ印象にも気を配る

「○○の候」とする場合、感謝の気持ちを伝えるという目的を考えると「酷寒」「酷暑」など「酷い」というマイナスイメージのある漢字はマッチしません。また、葬儀関係のお礼状に「陽春」「爽秋」など明るいイメージの語句はそぐわないものです。時期的な問題だけでなく、漢字の意味も考えて使いましょう。

◆はあらたまった相手・目上の人に、★は親しい相手に出すときに向く表現です。

名産品を送られたお礼

本人→友人

まだまだ寒い日がつづきますが、暦の上では春になりましたね。

本日、御地名産のワカサギが無事に届きました。料理じょうずの緑さんのおすすめレシピもうれしかった！　いままでは天ぷらやつくだ煮にするばかりだったけれど、今回教えてくださった「カレー揚げ」、さっそくチャレンジしてみますね。

やさしいお気遣いに感謝しつつ、とり急ぎ一筆お礼まで。

ポイント
品物とともに、そこに込められた相手の配慮についてもお礼を述べます。

寒さを嘆くのではなく春を待つ気持ちで明るく

月初に立春を迎えたとはいえ、まだまだ厳しい寒さが残るのが2月です。季節のあいさつも、余寒や大雪にふれる表現になりがちですが、お礼やお祝いなどの手紙では「春が待ち遠しい」「もうすぐ春の足音が」など、明るい文面にまとめましょう。

漢語調のあいさつ

2月ならいつでも　◆早春の候　◆余寒の候
◆浅春の候　◆梅花の候
上旬向き　◆立春（4日ごろ）の候
下旬向き　◆雨水（19日ごろ）の候　◆解氷の候

書き出しの文例

◆余寒お伺い申し上げます。
◆ようやく日足も長くなってまいりました。
（上〜中旬）
◆春まだ浅いこのごろでございますが……
◆寒さの中にも、春の足音が近づいてまいりました。
◆本格的な春の訪れが待たれるこのごろでございますが……
◆早咲きの梅が香る季節となりました。
★余寒お見舞い申し上げます。
★恵方巻からチョコレートへと、デパ地下も大忙しの時期になりましたね。
★御地は冬まつりでにぎわっていることでしょうね。
★風の冷たさの中に、ほんの少し春を感じます。
★春一番が吹き、寒さもやわらいできましたね。

結びの文例

◆余寒厳しき折から、どうぞご自愛ください。
◆梅のほころびを心待ちに、まずは書中にて御礼申し上げます。
★すこやかな春を迎えられますようお祈りし、まずはお礼まで。
★お互いに、すてきな春が訪れますように。

MEMO

お礼状の敬語①【人の呼び方】

	相手側の呼び方	自分側の呼び方
本人	○○様、○○先生	私、私ども、当方
父	お父(上)様、ご尊父様	父、亡父
母	お母(上)様、ご母堂様	母、亡母
息子	ご子息様、ご令息様	息子、長(次)男
娘	お嬢様、ご令嬢様	娘、長(次)女
父母の兄姉	伯父様、伯母様	伯父、伯母
父母の弟妹	叔父様、叔母様	叔父、叔母

◆はあらたまった相手・目上の人に、★は親しい相手に出すときに向く表現です。

春に書く手紙のポイント

Point 1 マイナス要素の言葉で文章を結ばない

立春は2月4日ごろ。そのため、テレビなどでは「暦の上では春というのに、寒い一日でした」などのフレーズがよく聞かれます。

しかし、手紙などの書き言葉では、「暦の上では春〈プラス要素〉だが、まだ寒い〈マイナス要素〉」と結ぶと、文章全体が暗い印象になってしまいます。

こんなときは

◆まだ寒い日がつづきますが、暦の上では春(、本格的な春の到来も間近)になりましたね。

◆余寒の候ではございますが、ご健勝のこととお喜び申し上げます。

など、順番を逆にしたり、安否のあいさつにつなげたりすると、前向きな文章になります。

Point 2 春は新しいことが始まる時期

卒業、入学、転勤などで環境に大きな変化が起こることが多い季節です。親しい人へは、

◆お子様の卒業(入学)式もまもなくですね。

◆＊＊様がそちらに赴任なさって、もう＊年になりますね。

など、相手やその家族の状況を思い浮かべながら具体的に書くと、心の通った書き出しのあいさつになります。

Point 3

桜の開花時期は地域で違うことに注意して

「桜」「花便り」などは、春の時候のあいさつにぴったりの言葉です。ただ、日本は南北に長いため、地域によって桜の開花時期が大きく違うことを頭に入れておきましょう。

早いところでは3月下旬に開花しますが、北海道での見ごろはゴールデンウイークごろです。自分の住んでいる地域を中心に考えると、相手の感覚とはずれることがあります。

◆御地は、桜が満開のころでしょうか。
◆そちらは春の花祭りでにぎわっていることでしょうね。

など、先方の地域の状況を思いやりながら表現を選ぶと、相手の心に届くあいさつになります。

時候のあいさつ

3月

弥生（やよい）

草木がいやがおうにも生える
「いやおい（弥生）」月

妻 ➡ 夫の取引先

ホワイトデーのお礼

やわらかい春の日ざしが心地よい季節となりました。

その節は、すてきなチョコレートをいただき、ありがとうございました。当地では入手できない品を、わざわざとり寄せてくださったと伺っております。

そのお心遣いをかみしめながら、家族でおいしく頂戴いたしました。これからも、いろいろお世話になることと存じますが、どうぞよろしくお願いいたします。

ポイント

お返しの贈り物をするとき、手渡しできないなら、カードなどを添えます。

相手の環境や家族を思い描きながら

3月は、ひなまつりに始まり、卒園・卒業など、子どもに関する行事の多い月です。

「お子様（お孫さん）の初節句ですね」

「お子様もいよいよご卒業ですね」

「近所の小学校はきょうが卒業式でした。お子様も大きくなったことでしょう」

など、相手の家族にふれると、親しみのこもった書き出しになります。

漢語調のあいさつ

上旬向き ◆ 早春の候 ◆ 浅春の候

中〜下旬向き ◆ 春分（21日ごろ）の候 ◆ 春暖の候 ◆ 春陽の候 ◆ 春光の候 ◆ 春和の候

書き出しの文例

◆春まだ浅い時節ではございますが、お変わりなくお過ごしのことと存じます。（上～中旬）
◆桃の節句も過ぎ、春の便りが聞かれるころとなりました。
◆梅の香りがただよう春暖の候となりました。
◆日ましに春めいてまいりました。
◆ひと雨ごとに寒さもゆるむこのごろ、……
◆南のほうからは桜便りが聞かれるころとなりました。（中～下旬）
★春を迎え、お嬢様の卒業式の準備にお忙しいころでしょう。（上旬）
★街の中にも春の色が戻ってきましたね。
★春の風が快いころとなりました。
★今年の桜は開花が早そうですね。
★三寒四温と申しますが、例年になくおだやかな天候がつづいております。

結びの文例

◆季節の変わり目ですので、どうぞご自愛ください。
◆春寒の折、お体にお気をつけください。
★久々にお花見をごいっしょしませんか。またご連絡いたします。

MEMO

お礼状の敬語②【物事の呼び方】

	相手側（尊敬表現）	自分側（謙譲表現）
手紙	お手紙、お便り、ご書状、ご書面	書中、書状、書面
返信・返事	お（ご）返事、ご返信、ご返答（「お返事」「ご返事」はどちらも正しい日本語表現ですが、最近は「お」が優勢です）	ご返信（申し上げます）お（ご）返事（申し上げます）
贈り物・品物	ご芳志、ご厚志、けっこうな品。銘菓、佳品、美酒	心ばかりの品、お礼のしるし、粗菓、粗品、寸志（「寸志」は目上に対しては使わない）
配慮	お心遣い、お気遣い、ご芳情、ご配慮、お気持ち	心ばかり、気持ちばかり
住まい・土地	お住まい、お宅、ご尊家、御地	拙宅、当方、当地

◆はあらたまった相手・目上の人に、★は親しい相手に出すときに向く表現です。

入学祝いへのお礼

親
↓
親戚

春の光がまぶしい季節となりましたが、お変わりなくお過ごしのことと存じます。

このたびは入学祝いをいただき、ありがとうございました。記念になり、毎日使うものをと考え、学習用の電気スタンドをそろえさせていただきました。たいせつに使わせていただきます。

季節の変わり目ですので、どうぞお体をたいせつになさってください。

まずは一筆お礼のみにて。

ポイント
「ありがとう」のひと言でも、子ども自身のメッセージを添えたいもの。

現金でお祝いをいただいたときは

4月は、入園・入学、就職などのお祝いをいただくことが多いものです。現金や商品券を贈られた場合、親しい相手には、上の文例のように「（いただいたお祝い金で新生活のための）＊＊を購入しました」と報告します。

ただし、仕事の取引先などへは「有効に使わせていただきます」でＯＫです。

漢語調のあいさつ

4月ならいつでも　◆陽春の候　◆春暖の候
◆麗春の候　◆仲春の候　◆春風駘蕩の候
桜の時期に留意しながら使う　◆桜花の候
◆桜花爛漫の候　◆桜花匂う候

書き出しの文例

◆桜花爛漫の好季節となり、皆様にはご清祥にお過ごしのこととお喜び申し上げます。

◆桜の季節を迎え、皆様におかれましても輝かしい陽春をお迎えのことと存じます。

◆新年度もスタートし、ますますお元気でご活躍のことと存じます。

◆清明（穀雨）の候、皆様にはご健勝にお過ごしのことと存じます。（清明は上旬、穀雨は下旬）

◆春の気配もようやくととのいました。

★新一年生のかわいらしい姿が心うれしいころとなりました。

★お花見には、もういらっしゃいましたか。

★いつのまにか葉桜の季節となりました。

★うららかな春日和がつづいております。

★春風のやわらかさが頬にうれしい季節となりました。

結びの文例

◆天候定まらぬ折から、ご自愛ください。

◆新しい環境でのお仕事が、いっそう実りあるものになりますよう、ご祈念申し上げます。

◆新生活が順風満帆なものになりますよう、心よりお祈りいたしております。

MEMO

お礼状の敬語③【敬称】

敬称	使い方	用例
様	個人名につける一般的な敬称	田中一郎様
殿	ビジネスで用いることはあるが、プライベートな手紙には使わない	
先生	教師、医師、弁護士、政治家などふだんから「先生」と呼ばれる職業の人あての手紙に	中央小学校 鈴木由美先生
各位	「皆様へ」という意味で、団体に所属する人全体にあてて出す手紙や文書に	保護者各位 入居者各位
御中	組織または特定の部署あての手紙に	○○株式会社 プレゼント係御中

◆はあらたまった相手・目上の人に、★は親しい相手に出すときに向く表現です。

時候のあいさつ 5月

皐月《さつき》

田植えで苗を植えるころの「早苗月」から

母の日の贈り物のお礼

母 ⬇ 息子の妻

さわやかな季節になりましたね。

美鈴さん、すてきなスカーフをありがとう！　早速えり元のアクセントにして、スポーツクラブへ行ってきました。クラブの友人たちにもほめられましたよ。

智との連名で贈ってくれたけど、センスのいい美鈴さんが選んで手配してくれたこと、ちゃーんとお見通しです。

夏には会えるかな？　楽しみにしています。一筆、お礼のみにて。

ポイント
かた苦しい表現は「嫁姑」の距離感を強調してしまうので、親しみを込めて。

植物・食物ともに題材が豊富

しょうぶ、あやめ、かきつばた、藤、芝桜、バラ、つつじ、スイレン、すずらんなど、5月に見ごろを迎える花がたくさんあります。

食材も、そら豆、グリンピース、春キャベツ、アスパラなど、初夏の「旬」が勢ぞろい。これらを用いることで、いきいきとした季節のあいさつになります。

漢語調のあいさつ

5月ならいつでも　◆薫風の候　◆新緑の候
◆若葉の候　◆青葉の候　◆万緑の候
初旬向き　◆立夏（6日ごろ）の候　◆惜春の候
下旬向き　◆小満（21日ごろ）の候　◆軽暑の候

書き出しの文例

◆八十八夜を過ぎ、初夏の訪れを感じるころとなりました。（上旬）
◆新緑が目にあざやかな好季節を迎えました。
◆風薫るさわやかな季節となりました。
◆すがすがしい五月晴れがつづいております。
◆木々を渡る風が、夏の訪れを告げています。
◆日ざしが強まり、夏到来も間近となりましたが……（下旬）
★ゴールデンウイークはご家族そろって楽しくお過ごしだったことと存じます。（6日〜上旬）
★立夏を過ぎてもなお肌寒い毎日がつづいておりますが、○○様にはお元気でお過ごしのことと存じます。（6日ごろ〜中旬）
★青葉が美しいころとなりました。
★過ごしやすい爽快な季節になりましたね。
★昨日は家族でバラ園へ出かけました。

結びの文例

◆向暑の折から、皆様のご健勝をお祈り申し上げます。
★連休明けでご多忙のことと存じますが、お体に気をつけてますますご活躍ください。

MEMO

お礼の言葉の「ていねい度」に注意

相手との関係や用件に応じて、適切な表現を選びましょう。★はていねい度をあらわします。

★ ありがとうございます。
★ いつも感謝しています。
★★ 感謝の気持ちでいっぱいです。
★★ 心より御礼申し上げます。
★★ いつもお心にかけてくださり、ほんとうにありがとうございます。
★★★お礼の言葉も見つかりません。
★★★お心遣いを賜り、感謝の念に堪えません。

◆はあらたまった相手・目上の人に、★は親しい相手に出すときに向く表現です。

夏に書く手紙のポイント

Point 1 花と緑があふれる初夏の季節感を生かして

咲き誇る草花、目にも鮮やかな新緑など、一年の中で、時候のあいさつに使える題材が最も豊富な時期です。

こどもの日につきもののしょうぶ、「いずれあやめかかきつばた」と優劣をつけがたいほど美しいもののたとえにされる2つの花、桜と入れかわりに咲き乱れるつつじなど、華やかな花がたくさん見ごろを迎えます。

「昨晩はしょうぶ湯を楽しみました」「庭のつつじが真っ赤な花を咲かせています」など、実際の暮らしぶりを描写しながら書くと、親しみのこもった文面になります。

Point 2 うっとうしい梅雨の時期もなるべく前向きに

梅雨入りの時期は、地域によって異なります。「入梅の候」など、梅雨を題材にした時候のあいさつを用いるのは、相手の地域が梅雨入り後にするのが基本です。

長雨がつづくのは、気分のよいものではありません。ただ、以下のように梅雨を不快なものとする表現で手紙を書き出すと、手紙全体が暗い印象になってしまいます。

× 入梅間近で不安定な空もようがつづいています。
× ぐずついた天気ばかりで気持ちもめいります。
× うっとうしい梅雨の季節となりました。

時候のあいさつで梅雨にふれるのであれば、

○雨上がりの空に、きれいな虹が広がっています。
○山々の緑も、雨を受けて色濃くなりました。
○庭のあじさいが、雨の中で輝いています。
など、雨がもたらす美しい情景を題材にするよう、心がけましょう。

Point 3 「暑中」の正しい意味を知る

暑中見舞いを送る「暑中」とは、二十四節気の小《しょう》暑《しょ》と大暑《たいしょ》の期間をさします。

つまり、暑中見舞いを出すのは、7月7日から8月7日ごろまでの「期間限定」が基本。期間前は、どんなに猛暑でも「暑中お見舞い（お伺い）申し上げます」というフレーズは使えません。

日本郵便（郵便局）から、夏のくじつき郵便はがきとして発売される「かもめ～る」は、毎年6月から発売されます。暑中見舞いに用いる際には、投函時期に注意しましょう。

なお、8月8日ごろの立秋後は、暦の上では秋なのに暑さが残ることから「残暑」という表現を使います。

結婚祝いへのお礼

本人→知人

拝啓　深緑の候、ますますご清祥のこととお喜び申し上げます。
このたびはごていねいにお祝いをお贈りいただき、まことにありがとうございました。新生活のため、有効に使わせていただきます。
未熟な私どもですが、これから力を合わせ、あたたかい家庭を築いてまいりたいと存じます。これからもご指導のほどよろしくお願いいたします。
敬具

ポイント
人生の大きな節目ですから、拝啓・敬具を使って礼儀正しい手紙に。

コロナ禍で披露宴を行わなかった場合、お祝いをいただいた全員にお礼状を

通常、披露宴の列席者にはお祝いへのお礼状は不要です。しかし、時節柄、披露宴を断念したときは、お祝いをいただいた方全員にお礼状を出します。

ただ「コロナ禍」「感染防止」などの語句は、ものものしい印象を与えてしまいます。上の文例のように、特にふれずにまとめるのが無難です。

漢語調のあいさつ

◆芒種の候（6日ごろ）の候　◆入梅の候　◆初夏の候　◆深緑の候　◆向暑の候　◆薄暑の候　◆夏至の候（21日ごろ）

書き出しの文例

◆山の緑が日ごとにその色を濃くしております。

◆麦の穂も色づいてまいりました。

◆雨にぬれる緑が、色あざやかに目にうつるころとなりました。

◆田植えのニュースに、夏間近を感じる季節がやってまいりました。

★衣替えの時期となり、街には夏服の高校生が行きかっています。（上旬）

★くちなしの花の香りがただよう季節となりました。

★アユ釣りのお好きな○○さんにとっては、うれしくも忙しい季節が到来しましたね。

★雨上がりの空に、大きな虹がかかっています。

★梅雨明けもまもなくとなりました。

★早いもので、今年ももう半年が過ぎようとしています。（中〜下旬）

結びの文例

◆蒸し暑い毎日がつづきますが、どうぞご自愛ください。

★もうすぐ梅雨も明けることでしょう。おすこやかにお過ごしください。

★海山のシーズンを心待ちに、まずは御礼まで。

MEMO

結婚に関する手紙には慶事用切手？

左のような慶弔専用の切手がありますが、結婚に関する手紙だからといって、必ずしもこの切手を使わなければならないわけではありません。郵便料金の額の普通切手でもＯＫですが、明るい色柄の特殊切手を使うのもよいでしょう。

慶事用63円切手

慶事用84円切手

◆はあらたまった相手・目上の人に、★は親しい相手に出すときに向く表現です。

本人→知人

お中元のお礼

梅雨も明け、まぶしい夏空が広がっております。
さて、本日はごていねいなお中元のごあいさつをいただき、まことにありがとうございました。この店のお菓子は、家族全員が大ファンで、うれしく頂戴しております。わが家が甘党であることをご存じの美香さんのお心遣い、さすがと感服いたしました。
また遠からずお目にかかれるのを楽しみに、一筆お礼のみにて。

ポイント
喜びの表現はなるべく具体的に。

暑中見舞いは
相手の居住地の梅雨明け以降に

暑中見舞いを出すのは7月7日ごろからの1カ月間です（くわしくは55ページ）。
ただし、相手の住んでいるところが、まだ梅雨明けしていない時期は、時候のあいさつを「梅雨明けが待ち遠しいですね」などとして「暑中」という言葉を使わないのが一般的です。

漢語調のあいさつ

7月ならいつでも ◆仲夏の候 ◆盛夏の候
上旬向き ◆小暑の候
下旬向き ◆大暑の候

書き出しの文例

◆向暑のみぎり、皆様にはご清祥にお過ごしのことと存じます。（7日ごろまで）

◆暑中お伺い申し上げます。（7日ごろから）

◆梅雨明けの夏空がまぶしい季節を迎えました。

◆いよいよ夏本番を迎えましたが、皆様にはご健勝にお過ごしのこととお喜び申し上げます。

◆まぶしい日ざしに、本格的な夏の到来を実感するこのごろでございますが……

★暑中お見舞い申し上げます。（8日ごろから）

★今年の七夕は、星の舞う夜空が楽しめましたね。（8日～10日ごろ）

★梅雨明けとともに、連日暑い日がつづいておりますが、お元気でお過ごしのことと存じます。

★お子様がたは夏休みに入るころでしょうか。活発に夏を楽しんでいることと存じます。

★今週末は花火大会、いよいよ夏本番です。

結びの文例

◆暑い毎日がつづきますが、皆様ご体調にはくれぐれもお気をつけください。

★お盆には帰省する予定です。またお目にかかれるのを楽しみにしております。

★夏かぜなどひかないようご自愛くださいね。

MEMO

「かもめ～る」をお礼状に使ってもＯＫ

6月初旬から8月下旬まで、郵便局などで販売している「かもめ～る」（夏のおたより郵便はがき）」。暑中見舞いやＤＭに用いられることが多いのですが、お中元のお礼など、はがきですむ日常的なお礼状に使うこともできます。

厳密には、暑中見舞いは夏のあいさつを目的とした便りであり、お礼状とは異なるものですが「暑中お見舞い（お伺い）申し上げます」の書き出しでお礼を述べてもよいでしょう。

◆はあらたまった相手・目上の人に、★は親しい相手に出すときに向く表現です。

葉月《はづき》

木々の葉が落ちる「葉落ち月」

子どもが世話になったお礼

親→親戚

残暑お見舞い申し上げます。
このたびは、子どもたちがすっかりお世話になり、ほんとうにありがとうございました。とれたてのいかの刺身、毎日の海水浴など、こちらではできない貴重な体験をさせていただきました。やんちゃ盛りですので、さぞご迷惑をおかけしたのではないかと恐縮しております。
気持ちばかりですが、当地の名産をお送りいたします。お口に合えばうれしいのですが。まずは、ひとことお礼まで。

ポイント
お礼品を送るときは一筆添えて。

涼感を与える表現を心がけて

8日ごろには立秋ですが、まだ暑さが厳しい時期。しかしそのまま「うだるような暑さ」と書いては、相手もゲンナリします。夕涼み、夕立、ひまわり、朝顔、夏まつり、盆踊りなど、涼感をもたらす言葉や、夏らしくにぎやかな情景を感じさせる表現を積極的に使いましょう。

漢語調のあいさつ

立秋（8日ごろ）前　◆暮夏の候　◆晩夏の候
立秋〜処暑（24日ごろ）前　◆残暑の候　◆残炎の候　◆立秋の候
下旬向き　◆秋暑の候　◆向秋の候　◆新涼の候　◆早涼の候

書き出しの文例

◆まもなく暦の上では秋を迎えますが……

◆残暑お伺い申し上げます。（立秋のあとに）

◆立秋を過ぎても暑さが残っておりますが、皆様にはおすこやかにお過ごしのことと存じます。

◆暑さもようやく落ち着いてまいったようでございます。（下旬）

★残暑お見舞い申し上げます。（立秋のあとに）

★お盆休みは、お子様がたもご帰省なさり、楽しくもお忙しい毎日だったことでしょう。

★盆踊りの太鼓の音が夏風に乗って聞こえてまいります。（15日前後）

★昨日は、満開のひまわり畑に出かけ、夏のパワーをもらってきました。

★朝夕は過ごしやすくなりましたね。（下旬）

★虫の音が聞こえてくるようになり、秋の気配を感じるころとなりました。（下旬）

結びの文例

◆まだ暑さがつづくようですが、お障りがないことをお祈りしております。

◆夏のお疲れが出ませぬようご自愛ください。

★お子様は、まもなく新学期ですね。充実した毎日になることをお祈りしています。（下旬）

MEMO

宿泊先に手紙や荷物を送るときは「気付」

相手が滞在するホテルあてに手紙を出したい場合に「○○ホテル　鈴木大介様」だけでは、従業員とまちがえられたりするおそれもあります。こんなときは、「○○ホテル　気付　鈴木大介様」とするのが正しくスマートな方法です。

なお、自分で旅行の宿泊先に前もって荷物を送りたいときは「○○ホテル　遠藤清美行（○月○日宿泊予定）」と宿泊日を書いておくと、ホテル側が的確に対応できます。

◆はあらたまった相手・目上の人に、★は親しい相手に出すときに向く表現です。

秋に書く手紙のポイント

Point 1 「残暑見舞い」は8月末まで　9月からは秋の表現で

地域によっては、9月に入っても厳しい暑さがつづきます。しかし、残暑は「暦の上では秋だが、暑さが残っている」という意味です。

暦の上の秋、つまり立秋（8月8日ごろ）からしばらくの間は「残暑」という表現が適していますが、9月に入ったら「新涼の候」「爽秋のころ」「秋の兆しを感じるころになりました」など、「涼」「爽」「秋」などの文字を使い、秋を意識したあいさつに「衣替え」しましょう。

なお、二十四節気で9月7日ごろからの半月をさす「白露」は、秋の気配が濃くなって草木におりた露が白く見えるという意味です。しかし、日本の多くの地域では、まだ「秋が深い」という時期ではないため、「白露の候」というあいさつは避けるのが無難です。

Point 2 「実りの秋」などの常套句をじょうずに利用して

農作物の収穫期で、気候もよいことから「**の秋」という決まり文句がたくさんあります。

「**の秋となりましたが、ご清祥にお過ごしのことと存じます」などとすれば、おさまりのよい時候のあいさつを簡単に作ることができます。

- **実りの秋**……穀物や果物が実り、収穫期になる。
- **食欲の秋・味覚の秋**……旬の食材が多く、食欲がそそられる（おいしいものが豊富にある）。

●芸術の秋……展覧会などが多く催されることから、芸術を楽しむのに適している。

●スポーツの秋……暑すぎず寒すぎず、スポーツをするのに適している。１９６４年10月10日に開催された東京オリンピックにちなんで、この日を「体育の日」として祝日に制定した。その後、２０００年から10月第2月曜日の移動祝日に、２０２０年からは「スポーツの日」に名称変更されている。

●行楽の秋……秋は過ごしやすく、野山に出かけて楽しむのに適している。

●読書の秋……古代中国の詩の一節「灯火親しむべき候（夜に明かりをともして読書するのに最適だ）」から広まったとする説が有力。

●天高く馬肥ゆる秋……秋空が高く澄み渡り、馬たちの食欲が増進して肥え、たくましく育つ。

Point 3 紅葉の時期は地域によって大きく異なることに注意して

紅葉は、日本の秋を彩る代表的な風景です。漢語調の時候のあいさつでも、錦のように美しい紅葉が見られるという意味で「錦秋の候」「錦繍の候」など、風情のある表現があります。

しかし、日本は南北に長いため、紅葉が見ごろを迎える時期は、地域によってかなり違います。北海道や山岳部では10月上旬～中旬ごろ最盛期を迎え、その後は雪景色となってしまいます。一方、紅葉の名所として知られる京都・嵐山などあたたかい地域では、12月上旬ごろまで紅葉狩りが楽しめます。

紅葉に関する語を時候のあいさつに使う場合は、相手の住んでいるところの状況に合わせて表現を選びましょう。

お世話になったお礼

本人→先輩

秋の気配がただようころとなりました。

このたびの福岡出張では、ご多忙にもかかわらずお時間をさいていただき、まことにありがとうございました。

田中先輩のご助言のおかげで、充実した得意先訪問となりました。現場で収集した生の声を、今後の販売戦略に生かしてまいる所存です。

今後ともご指導のほどよろしくお願いいたします。

とり急ぎ一筆お礼まで。

ポイント
相手の貴重な時間をさいてもらったことへのお礼を忘れずに。

残暑の時期に「白露の候」では違和感が

二十四節気では、7日ごろが「白露」。秋の気配が濃くなり、草木におりた露が白く見えるころ、という意味です。しかし、日本の多くの地域では、9月上旬はまだ残暑が厳しく、「白露」は現在の季節感にはマッチしません。「涼」「秋」「爽」などの文字を使って、秋らしさを表現するとよいでしょう。

漢語調のあいさつ

上～中旬向き ◆新涼の候 ◆清涼の候 ◆初秋の候 ◆新秋の候 ◆早秋の候 ◆爽秋の候

中～下旬向き ◆秋分の候 ◆秋晴の候 ◆孟秋の候

書き出しの文例

◆すがすがしい秋晴れの空が広がるきょうこのごろですが、皆様おすこやかにお過ごしのことと存じます。

◆残暑もようやくやわらぎ、過ごしやすい日が多くなりました。(上旬)

◆虫の音に、さわやかな秋の訪れを感じます。

◆風に揺れるすすきに、本格的な秋を感じるころとなりました。(中旬)

★秋風が立ち、しのぎやすい気候になりました。(上~中旬)

★今年の十五夜は、よい月が見られそうですね。(月の前半)

★今年は豊作とのニュースに、都会暮らしでもうれしさを感じます。

★コスモスの花が、秋の風で踊っているように揺れています。

結びの文例

◆季節の変わり目ですので、どうぞくれぐれもご自愛ください。

★さわやかな秋を、存分にお楽しみください。

★夏のお疲れが出ませんようお祈りしています。

MEMO

「すみません」とお礼を述べないこと

恐縮の気持ちを伝えるために「ごちそうになってすみません」「お手数をかけて申しわけありません」と書いてしまうことがあります。

しかし「すみません」「申しわけありません」は、おわびのときに用いる表現のため、感謝の気持ちがストレートに伝わりません。「このたびはありがとうございました。お手数をおかけして心苦しく思っております(恐縮しております)」と、まずきちんとお礼を述べてから、恐縮のニュアンスを書き加えるとよいでしょう。

◆はあらたまった相手・目上の人に、★は親しい相手に出すときに向く表現です。

時候のあいさつ

10月

神《かん》無《な》月《づき》

「神々が出雲に集結し、各地では留守になる月（神の月とする説も）」

新居に招かれたお礼

本人→知人

秋の澄みきった空が広がっております。

先日は、ご新居にお招きいただき、ありがとうございました。見事なお宅を拝見し、奥様手作りのランチまで頂戴して、たいへん楽しい一日を過ごしました。

センスのよいインテリアに感服し、暮らしを楽しむことのすばらしさをあらためて教えていただいたような気がします。

鈴木様ご一家の新しい環境での生活が、いっそう実りあるものになることをお祈りし、まずはお礼まで申し上げます。

ポイント
訪問の翌日には投函したいもの。

紅葉をあらわす豊かな表現をマスター

桜とともに、古くから日本人に愛されてきた紅葉には、別の美しい表現が多くあります。「＊＊のころとなりました」などとして、時候のあいさつに使ってみましょう。

■薄紅葉（ほんのり色づいた紅葉）
■草の錦（野山の彩りを錦にたとえた表現）
■錦繍（美しい紅葉のたとえ）

漢語調のあいさつ

10月ならいつでも　◆仲秋の候　◆清秋の候
紅葉の時期なら　◆錦秋の候　◆紅葉の候
下旬向き　◆霜降の候　◆秋冷の候

書き出しの文例

◆秋晴れの高い空が心地よく広がる季節を迎えましたが、皆様おすこやかにお過ごしのことと存じます。

◆清秋の好季節を迎え、ますますご活躍のこととお喜び申し上げます。

◆実りの秋となり、いっそう充実した毎日をお過ごしのことと存じます。

◆御地では、そろそろ紅葉の便りも聞こえるころかと存じます。

★秋たけなわ、ご家族様で実りの季節を満喫なさっていることと存じます。

★秋空高く、心も晴れ晴れとしますね。

★日ごとに秋の深まりを感じるこのごろでございますが、……（下旬）

★野山の樹々もあざやかに色づき始めております。（紅葉の時期）

結びの文例

◆朝夕はめっきり冷え込むようになりました。どうぞご自愛ください。

★ご家族様にとりましても、実り多き秋になりますことをお祈りしております。

MEMO

「わきづけ」は一般の手紙では不要

敬称（先生・様）の左下（横書きなら右下）に書き添えて相手への敬意をあらわすのが「わきづけ」です。「御机下（おそれ多いので机の下に）」や「御侍史（直接では失礼なのでおつきの人に）」などがありますが、現在は医師から医師への紹介状のあて名で見かける程度。通常の手紙では不要です。

なお、女性専用で「みもとに（あなたのおそばに）」というわきづけもありましたが、現代ではあらぬ誤解を生みそうです。

基本構成
頭語・結語
時候のあいさつ
安否のあいさつ
感謝のあいさつ
結びのあいさつ

◆はあらたまった相手・目上の人に、★は親しい相手に出すときに向く表現です。

霜月《しもつき》

霜が降る「霜降月」

叙勲褒章祝いへのお礼

本人→知人

謹啓　初冬の候、皆様にはますますご清祥のこととお喜び申し上げます。
　先般、思いがけず叙勲の栄に浴しましたところ、ごていねいなお祝いを頂戴し、まことにありがたく存じております。このたびの栄誉はひとえに皆様のご支援の賜物と、心より感謝しております。今後も微力ながら精進を重ねてまいる所存でございますので、変わらぬご指導をよろしくお願い申し上げます。

謹白

ポイント
儀礼的要素が強いので、謹啓・謹白を使い、格調高い文面にまとめます。

心あたたまる前向きな表現を選んで

叙勲・受章、七五三など、お祝いごとの多い月です。いっぽう、気候的には、日ごとに寒さがつのる時期。寂しい情景をそのまま描写するのは、お祝い状やお礼状にはふさわしくありません。受けとった相手の気持ちがあたたかくなるような、明るい言葉を選びましょう（くわしくは70ページ）。

漢語調のあいさつ

11月ならいつでも　◆向寒の候　◆深冷の候
立冬（7日ごろ）の前　◆晩秋の候　◆深秋の候
◆暮秋の候　◆立冬の候
立冬のあと　◆初冬の候　◆小雪（22日ごろ）の候

書き出しの文例

◆立冬を過ぎ、冷気に身も心も引き締まるような思いがいたしますが、皆様にはご健勝にお過ごしのことと存じます。

◆秋も深まり、日足も短くなってまいりました。（立冬前）

◆黄葉が美しく風に舞う季節となりました。

◆小春日和のおだやかな日がつづいております。（注：小春は陰暦10月＝現在の11月ごろ＝の異称で、晩秋から初冬にかけて春のようなあたたかい気候を「小春日和」という）

★近くの公園のいちょう並木が見ごろとなり、黄金色のじゅうたんが敷き詰められています。

★そちらではもうヒーターをお使いなのではないでしょうか。

★各地の山から初冠雪の便りが届くころとなりました。

結びの文例

◆行く秋を惜しみつつ、まずはお礼まで。（上旬）

◆向寒のみぎり、皆様のご健勝を心よりお祈りいたしております。

★来月はもう師走。慌ただしい時期になりますが、おかぜなど召しませんように。

★寒さも本格的になってまいりますので、どうぞくれぐれもご自愛ください。

MEMO

「おかげさまをもちまして」は過剰敬語？

「（あなたの）おかげで」をていねいにするには、①**おかげさまで（おかげ→おかげさま）**②**おかげをもちまして（で→をもちまして）**の2つの方法があります。近年は①②を合体し、**おかげさまをもちまして**という表現も使われます。誤りとまではいえませんが、本来はくどすぎる表現なのです。

◆はあらたまった相手・目上の人に、★は親しい相手に出すときに向く表現です。

冬に書く手紙のポイント

Point 1 冬をネガティブにとらえず、肯定的な表現を心がけて

冬の情景をそのまま描写すると、

△落ち葉が散っている
△冷え込みが厳しい
△大雪に見舞われる

など寂しくつらい印象になってしまいます。

○落ち葉が黄金色のじゅうたんになっています
○冷気で身も引き締まる思いがいたします
○子どもたちが大喜びで雪だるまを作りました

と、冬をりんとした気持ちで迎え、楽しむという表現にすると、同じ「落葉」「冷気」「大雪」でもイメージは大きく変わります。

特に雪については、次のような風情ある美しい表現がたくさんありますから、じょうずに手紙にとり入れたいものです。

■**風花（かざはな）**……晴天のとき、風に舞うようにちらつく雪。
■**雪花（ゆきはな）**……雪のひとひらを花びらに見立てた表現。
■**六花**……六角形の結晶を花にたとえた呼び方。
■**雪明かり**……白く降り積もった雪の反射で、夜でも周囲が明るく見える現象。
■**雪化粧**……野山などが（まるでお化粧したように）雪で美しくおおわれた情景。冬化粧とも。
■**銀世界**……雪が降って、あたり一面が白く輝いている景色。

Point 2

喪中欠礼で不幸を知ったときは慰めの手紙を出すとていねい

身内に不幸のあった年は、年賀状などの祝いごとを控える旨の「喪中欠礼」のはがきを出します。相手が年賀状の準備を始める前の11月中旬から、遅くとも12月中旬までに投函しましょう。

それ以降に不幸があったときは、喪中欠礼は出さず、翌年の松の内が明けてから寒中見舞い（お伺い）として連絡します。

一方、喪中欠礼を受けとった側は、年賀状を出さないのがマナーで、基本的に返信は不要です。ただ、最近はコロナ禍もあって「家族葬」などの小規模葬儀がふえ、喪中欠礼で初めて不幸を知ることも多くなりました。親しい友人、知人に対しては、年内または翌年の松の内過ぎに、慰めの便りを出すとよいでしょう（文例は220ページ）。

Point 3

寒中見舞い（お伺い）は年賀状の返礼としても有効

寒中見舞いは、二十四節気の小寒と大寒の間に、寒さの中の相手を思いやって出す便りのことです。もともとは暑中見舞いと同じ意味を持つ季節のあいさつ状でしたが、現在は喪中欠礼や年賀状の返礼として使われるケースが多くなりました。

具体的には、次のような場合です。

❶ **年賀状を出しそびれた人への返事**
❷ **喪中欠礼をいただいた人への返事**
❸ **自分が喪中なのに年賀状が届いたときの返事**
❹ **相手が喪中と知らずに年賀状を出したおわび**

年が明けてから出す場合、元旦から1月7日（15日とする地域もある）までは「松の内」（お正月の門松があるうちという意味）なので避け、松の内が明けてから投函するとよいでしょう。

時候のあいさつ

12月 師走《しわす》

年末で忙しく「師（僧侶）も走る月」

お歳暮へのお礼

女性→知人

小雪のちらつくころとなりましたが、ご清祥にお過ごしのことと存じます。

　このたびは、ごていねいな年末のごあいさつをいただき、まことにありがとうございました。日ごろからお世話になっておりますのに、過分なお心遣いをいただき、恐縮しております。

　本年のご厚情に心より感謝いたしますとともに、明年の山本様のご健勝とご多幸をお祈り申し上げます。

かしこ

ポイント
文例は170字程度。
はがきでのお礼状にちょうどいい文章量です。

新しい年への期待と希望の言葉を

12月は「年の瀬が押し迫る」「押しつまる」などの書き出しが多く用いられます。

しかし、そのトーンのまま手紙を終えると、文面が暗くなります。結びのあいさつでは「来年はお互いよい年に」「来年もお元気で」と明るく前向きな表現を意識しましょう。大きな災厄があった年はなおさらです。

漢語調のあいさつ

12月ならいつでも　◆師走の候　◆歳末の候　◆歳晩の候　◆寒冷の候　◆季冬の候
下旬向き　◆冬至（22日ごろ）の候

書き出しの文例

◆師走に入り、なにかと気ぜわしいころとなりましたが、皆様にはご健勝にお過ごしのことと存じます。（上旬）

◆本年も残すところわずかとなり、ご多忙にお過ごしのことと存じます。（中〜下旬）

◆いよいよ年の瀬も押し迫ってまいりました。（下旬）

◆年内も余日少なくなりましたが、……（下旬）

★カレンダーも残り1枚となりました。（上旬）

★街がクリスマスイルミネーションで美しく彩られるころとなりました。（上旬）

★冬晴れの空が気持ちよく広がっております。

★早いもので、今年も余日わずかとなりました。

★まもなくお正月休み。お子様がたも帰省なさることでしょうね。

★お正月の準備にお忙しいころと存じます。

結びの文例

◆年末年始を控え、おかぜなど召しませぬようご自愛ください。

◆本年中はいろいろお世話になりました。明年もどうぞよろしくお願い申し上げます。

★皆様おすこやかによいお年をお迎えください。

MEMO

いただき物が口に合わないときのお礼

贈り物は、受けとった時点でその役目の大半を果たしているといえます。たとえ自分の好きな味ではなくても「ありがとうございます。おいしく頂戴します」とお礼状を書き、品物はどなたかにさし上げるのが無難な方法です。

ただ、相手と親しいなら「好物なのだがお医者さんに止められている」「最近、体質が変わったみたいで」など自分の気持ちとは別の理由を説明してやんわりと断る方法もあります。

◆はあらたまった相手・目上の人に、★は親しい相手に出すときに向く表現です。

安否のあいさつ　相手の無事を確信する表現で

「お元気ですか?」より「お元気のことと存じます」がベター

直接会話をするときは、相手の答えがすぐに聞けるため、「お元気ですか?」「順調ですか?」と質問することが多いものです。しかし、手紙の場合は、「お元気ですか?」という疑問文にすると、相手の返信を強要することになってしまいます。

あらたまった相手への手紙では、質問の形ではなく「お元気でお過ごしのこととお喜び申し上げます」などと、相手の無事を確信し、それを喜ばしく思っているという表現にします。

「には」は「におかれましては」の省略表現

話し言葉では、「＊＊様はお元気そうですね」と言いますが、手紙では「＊＊様はご清祥のことと」とは書きません。儀礼的な手紙で用いる「＊＊様にお(於)かれましては」を省略して「＊＊様には」としているからです。

相手の状況に応じて表現をアレンジする

左表のA～Cは次のように使い分けます。

Aご清祥／ご清栄／ご健勝……相手が健康であることを喜ぶ言葉。個人あての手紙全般に。

Bご壮健……「元気盛んで達者」という意味なので、若い世代の相手に対しては使いません。

Cご隆昌／ご隆盛／ご活躍……「隆昌」「隆盛」は勢いが盛んという意味。仕事上の相手や事務的な連絡の際に用いることが多い表現です。

安否のあいさつ1　相手の無事を確信するあいさつ

あらたまった相手へ	＊＊様におかれましては ＊＊様には、皆様には、 ご一同には	ますます いよいよ	Aご清祥／ご清栄／ご健勝 Bご壮健 Cご隆昌／ご隆盛／ご活躍	のことと にお過ごし のことと	存じます。 お喜び申し上げます。
親しい相手へ	＊＊様には 皆様には	（その後）	お元気で おすこやかに お変わりなく	お過ごしのことと	存じます。

安否のあいさつ2　自分側の無事を伝えるあいさつ

（必須ではなく、事務的な用件の場合は省きます）

おかげさまで	私（ども）も 当方も	元気に 健康に 無事に 息災に	過ごして 暮らして	おります。（基本） おりますので 他事ながらご休心ください。（あらたまった相手に）

感謝のあいさつ

なるべく具体的な言葉で伝えます

「格別なご高配」を心のこもった表現に

手紙での感謝のあいさつとは、ビジネス文書での定番の「平素は格別なご高配を賜り心より御礼を申し上げます」、あるいは話し言葉やメールでの「いつもお世話になっております」にあたります。

どうしても、通りいっぺんの決まり文句になってしまいがちですが、できれば「先日はお忙しい中お時間をいただき」「このたびは、ご親切なお力添えをいただき」「いつも家族のことをお心にかけていただき」など、具体的な事例をあげてお礼を述べると、気持ちの通った文面になります。

日ごろの感謝（基本）

日ごろは	いろいろと	お世話になりまして	まことにありがとうございます。
平素は	なにかと	お心にかけていただき	心より御礼を申し上げます。
いつも	格別の	ご指導をいただき	心から感謝しております。
このたびは	ひとかたならぬ	ご高配を賜りまして	
先日は			

ご無沙汰のおわび

日ごろは 平素は	心ならずも 雑事にまぎれて	ご無沙汰を重ね ご無沙汰してしまい	まことに申しわけありません。 心苦しく存じております。

その他のお礼・おわび

このたびは 先日は	たいへんに 親身な ご親切にも ひとかたならぬ 思いがけず	（お礼） ご配慮をいただき お力添えをいただき お時間をいただき	まことにありがとうございました。 深く感謝しております。 心より御礼を申し上げます。
		（おわび） ご迷惑をおかけして お手数をおかけして お返事が遅れ ご心配をおかけして	まことに申しわけありませんでした。 深くおわび申し上げます。 恐縮しております。 心苦しく存じております。

結びのあいさつ　ピシッとまとめる4つの型をマスター

1．用件まとめ型

お礼やお祝いなど、手紙の目的を再度告げて手紙を結びます。

「まずは」「略儀ながら」という表現を使うのは、相手のところに出向いて用件を述べるのではなく、略式の手紙で失礼するというおわびのニュアンスを伝えたいからです。

◆まずは書中にて御礼（お祝い・ご報告など）を申し上げます。

◆まことに略儀ではございますが書中をもちまして御礼（お祝い・ご報告など）申し上げます。

◆まずは用件のみにて失礼いたします。

◆まずは御礼（ご報告）まで。　※軽い用件の場合にだけ許される簡単なあいさつです。

2．よろしくお願い型

「よろしく」と、次につなげるあいさつで結ぶことで、手紙に余韻が生まれます。

◆今後ともよろしくご指導（ご指導ご鞭撻・ご厚誼・ご交誼）くださいますよう、よろしくお願い申し上げます。

※ご鞭撻＝強く励ますこと

※ご厚誼＝深い親しみの気持ち

※ご交誼＝心の通い合った交際

◆引きつづきご指導（ご指導ご鞭撻・ご厚誼）のほど、どうぞよろしくお願いいたします。

◆末筆ではございますが、＊＊様にもどうぞよろしくお伝えください。

◆以上、どうぞよろしくお願いいたします。

3．お祈り型

ビジネスメールなどで、定番的に使われるフレーズのため、親しい人にあてての手紙に使うと、ややかた苦しい印象になってしまいます。「お祈り型」は、目上の人にあてての手紙や、あらたまった用件の場合に向く結び方です。

◆末筆ながら、ますますのご活躍（ご発展）をお祈り申し上げます。
◆＊＊様のご多幸を祈念し、まずはご連絡申し上げます。
◆ご自愛のほどをお祈りいたしております。
◆実り多き一年（春・イベントなど）になりますことを、お祈り申し上げます。
◆あいにく伺うことはできませんが、盛会をお祈りしております。
◆このたびの＊＊に深く感謝いたしますとともに、今後いっそうのご活躍をお祈り申し上げます。

4．七夕短冊型

願いごとを短冊に書くように、相手のことを思い「〜しますように」と結びます。親しい間柄の人向けには、紋切り型の結び方ではなく、こうしたソフトな書き方がマッチします。

◆これからたくさんのよいことがありますように。
◆あなたにとって、実りある一年（季節）になりますように。
◆笑顔に満ちた新生活になりますように。
◆一日も早くご快復なさいますように。

オールマイティに使える書き出しと結び

あらたまった書き出し

拝啓　時下ますますご清祥にお過ごしのこととお喜び申し上げます。

一般的な書き出し

＊＊の季節（ころ）となりましたが、お元気でお過ごしのことと存じます。

相手を問わない結び

時節柄、ご自愛のほどをお祈り申し上げます。

「時下」は「このごろ」という意味で、季節を問わずに使えます。「ご清祥」は、相手が元気でめでたく暮らしていることを祝って言う言葉ですが、手紙文でしか使わない表現なので「ご健勝」「ご活躍」などより品格を感じさせます。

「＊＊」の部分に「桜」「紅葉」「向寒」「向暑」など、季節に応じた言葉を入れれば、年間を通して使える表現になります。目上の人に対しては「お元気で」を「おすこやかに」にすると、ていねいな言い回しになります。

「時節柄」という、季節を問わない表現を使い、相手の健康を祈る言葉で結びます。

PART 3

贈答の手紙・はがき

贈り物と送り状のマナー

贈り物をするときは送り状を添える

贈り物は、日ごろの感謝やお祝いの「気持ち」を、品物に託して相手に届けるものです。品物を、デパートなどから送りっぱなしにしては気持ちが伝わりませんし、相手に対して失礼なことです。手紙を添える習慣をつけましょう。

品物の届くころを見はからって、別にお礼状を郵送するのが正式ですが、タイミングがずれると間が悪いものです。デパートなどから発送するなら、**封をしていない**手紙を持参して品物に同梱してもらうのが効率的です。封をしないのは、郵便法で「宅配便・ゆうパックで親書（書状）を送ってはいけないが、品物に添付する**無封の**送り状ならＯＫ」と定められているからです。

お中元・お歳暮を送るときは時期と表書きに注意して

相手（贈り先）

日ごろお世話になっている人、具体的には、両親、親戚、仕事の取引先、子どもの学校や習いごとの先生、勤務先の上司などです。ただし、社員間や取引先との贈答を禁止する会社もありますし、学校の先生や公務員は立場上受けとれない場合もあります。あらかじめ事情を確認し、相手に迷惑がかからないようにします。

贈る時期

お中元は6月下旬から7月15日までに。これは、中国古来の祭りごとである7月15日の「中元」に由来するからです。ただし地域によっては8月15日の旧盆までとする場合もあります。

お歳暮は12月上旬から20日ごろまでが基本ですが、正月用食品などを贈るときは年末近くにします。本来は「事始めの日」とされる12月13日以降とされてきましたが、近年は贈る時期が徐々に前倒しになる傾向にあります。

時期が遅れたときの表書き

前述の期間内なら「御中元」「御歳暮」です。

夏のごあいさつの場合、7月15日を過ぎたら「暑中お伺い」「暑中御見舞」、立秋（8月8日ごろ）を過ぎたら「残暑お伺い」「残暑御見舞」として贈ります。年末のごあいさつをしそびれたときは、翌年の松の内を過ぎてから「寒中お伺い」「寒中御見舞」として贈ります。

いずれの場合も「見舞い」は敬意が含まれない表現のため、目上の人に対しては「お伺い」とするのがていねいです。

贈り先や自分が喪中の場合

お中元・お歳暮は季節のごあいさつなので、先方や自分が喪中でも贈ってＯＫです。ただ、贈る時期は忌明け（仏教では四十九日）後にし、紅白ののし紙ではなく、無地の短冊に「御中元」「御歳暮」あるいは、あえて時期をずらして「＊＊お伺い（御見舞）」として贈るとよいでしょう。

先方や自分が喪中のときはのし紙を控えて

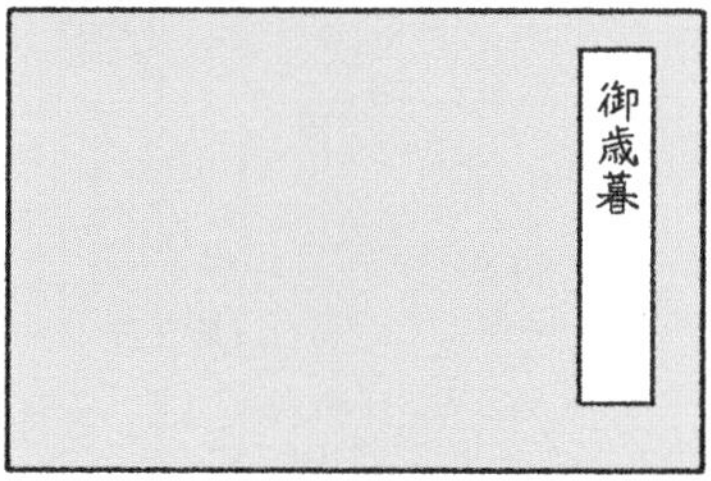

のし紙の「のし」はのしあわびのことで、古くから縁起物とされ、「喜びをのす（伸ばす）」という意味でお祝いごとに用いるものです。また、あわびは「生ぐさもの」であることから、仏事には使いません。

季節の贈答（お中元）の送り状・基本ひな型

お中元の送り状

本人➡知人・仕事関係者

書き出し（前文）

❶拝啓□❷夏空がまぶしい季節となりましたが、
❸＊＊様にはご清祥にお過ごしのこととお喜び申し上げます。
❹日ごろは、公私にわたりまして何かとお世話になり、心より感謝しております。

❶ **頭語と結語**

プライベートなら「拝啓」で始め、「敬具」で結びます。ビジネスの場合は「謹啓」「謹白（敬白／謹言）」を用いることもあります。

❷ **時候のあいさつ**

暑い時期ではありますが、感謝のごあいさつの手紙なので、「酷暑」「猛暑」など、マイナスイメージの強い語は避けます。

❸ **安否のあいさつ**

「＊＊様」「貴社」「ご家族の皆様」など、相手をさす言葉が行末にならないようにします。行末になりそうなときは改行して行頭にします。

主文	結び（末文）

さて、本日は夏のごあいさつのおしるしまでに、❺**心ばかりの品をご送付申し上げますので、**ご笑納くださいい。皆様のお口に合えば、幸いに存じます。

❻**時節柄、ご多用の毎日と存じますが、どうぞご自愛ください。**

略儀ではございますが、暑中をもちましてごあいさつ申し上げます。

敬具❶

❻ 結び

お中元は一般的に7月半ばまでに贈ります。それからが夏本番なので、盛夏に向けて体調を気づかう言葉で結びます。

❹ 感謝のあいさつ

プライベートのみのおつきあいなら「日ごろから、なにかと」。仕事関係者には「日ごろは、格別のご愛顧を賜りまして」など、相手との関係に応じて表現をアレンジします。

❺ 用件（お中元を送ることを知らせる）

「感謝の気持ち」がたいせつで、それを形にしたものがお中元の品です。単に「お中元をお送りします」では、気持ちが伝わらないので、注意しましょう。

お中元の送り状

品物だけを送りつけず、日ごろの感謝の言葉を添えて

基本的な文例

本人→知人

拝啓　梅雨が明けたとたんに一気に真夏が訪れたようなこのごろでございますが、
＊＊様にはいよいよご清祥のこととお喜び申し上げます。
平素はひとかたならぬお世話になり、心より御礼を申し上げます。

さて、♥**本日、感謝のしるしまでに、ささやかなごあいさつの品を別便にてお送りいたしました。**ご笑納くださいますようお願い申し上げます。

時節柄いっそうのご自愛をお祈りいたしております。

敬具

マナー　送り状が品物よりあとにならないように。

注意点　仕事上の関係者でも、個人あてに贈るときは、自宅の住所を調べて、そちらに送ります。

夫のかわりに書く

妻→夫の知人

例年になく過ごしやすい日々がつづいておりますが、
＊＊様には**おすこやかにお過ごしのことと存じます。**日ごろは、なにかとお心にかけていただきまして、あらためて心より御礼を申し上げます。
つきましては、夏のごあいさつとして、心ばかりの品をお届けいたしますので、お納めくださいますようお願いいたします。

向暑の折から、どうぞお体をおいといくださいませ。

かしこ

メモ　女性の場合は「ご健勝」「ご隆昌」などの漢語より「おすこやかに」「お元気で」などの表現のほうがやわらかい印象になります。

品物に添えて送る

本人→親戚

梅雨明けが待ち遠しいこのごろですが、
＊＊様にはつつがなくお過ごしのことと存じます。私どもも、おかげさまで無事に**消光しております**。
本日、ごあいさつのしるしに心ばかりの品をお送り申し上げました。毎年同じもので気がきかないのですが、ご家族の皆様がお好きと伺っておりますので、それに免じてお許しください。

お盆には、家族で帰省できる予定ですので、久しぶりにお目にかかれるのを楽しみにしております。

まずは一筆ごあいさつ申し上げます。

メモ

「消光」とは「月日を送ること」。自分側に用いる言葉で、「元気にしています」より奥ゆかしい印象を与えます。

就職でお世話になった人へ送る

本人→恩師

拝啓　暑さも本番を迎えたようですが、
先生にはご健勝のことと存じます。

入社から三カ月たち、私もなんとか仕事に慣れてきたところです。先生からいただいたアドバイスを日々かみしめ、早く一人前の仕事ができるよう努力する所存です。

さて、このたび、わずかですが**初めての賞与を手にしました**。ささやかではございますが、社会人らしく季節のごあいさつをさせていただきますので、ご笑納くだされば幸いです。

時節柄、いっそうのご自愛とますますのご発展をお祈りいたします。

敬具

メモ

近況報告を添え、「初めてボーナスでお中元を送ります」とすると、初々しく、また心のこもった送り状になります。

お歳暮の送り状

品物の到着予定日がわかるなら、送り状で知らせます

基本的な文例

本人⬇知人

拝啓　早いもので歳末の候となりましたが、皆様にはお変わりなくご清祥にお過ごしのことと お喜び申し上げます。

本年も、公私にわたりたいへんお世話になりました。ご芳情のほどまことにありがたく、心より御礼を申し上げます。

さて、一年の感謝を込め、気持ちばかりの品をお送りいたします。**ご笑納くださいますよう**お願い申し上げます。

寒さに向かいます折から、ご自愛の上、よい年をお迎えください。

敬具

メモ
「笑納」とは、つまらないものですが笑って納めてくださいという意味の謙譲表現。同様に、食べ物なら「ご笑味ください」とも。

子どもの習いごとの先生へ

親⬇指導者

季冬のみぎり、先生にはお忙しくご活躍のことと存じます。いつも娘がお世話になり、まことにありがとうございます。

先日の発表会に備えて練習を重ねる日々だった娘ですが、当日、納得のゆく演奏ができ、努力が報われる喜びを知ったようです。

先生にはたいへん親身なご指導をいただき、あらためて御礼を申し上げます。

ささやかですが、**一年の感謝のしるしをお送りいたしますので**ご笑納ください。

どうかご自愛の上、よいお年をお迎えくださいませ。

マナー
習いごとの先生への贈答は、周囲と相談して足並みをそろえることが大事です。

品物の到着予定を知らせる

本人→親戚

寒さのつのる毎日ですが、皆様お変わりなくお過ごしのことと存じます。しばらくお会いしていませんが、**＊＊くんも大きくなったことでしょうね。**

さて、本日、年末のごあいさつにかえて、イクラを少々お送りいたしました。**お休みの＊日(土)午前中に届くよう**手配いたしましたので、ご笑味ください。

年の瀬に向かい、なにかとお忙しいこととは存じますが、皆様おかぜなど召されませんようにご自愛をお祈りいたします。

メモ
相手方の子どもや高齢者などを気づかう言葉を添えると、親しみのこもった文面になります。

応用
親しい相手には、先に都合を聞いてから到着日を指定する方法も考えます。

喪中の相手に送る

本人→友人

寒中お見舞い申し上げます。

昨年末にいただいた欠礼状で、お母上のことを知りました。存じませんで、まことに失礼をいたしました。

お寂しい年末年始をお過ごしだったことと拝察しますが、いままでに流れた時間が、少しでも＊＊様のお慰めになっていればよいけれどと案じております。

例年のごあいさつはさし控えさせていただきましたが、**ささやかな気持ちをお届けしますので**お納めくださいませ。

春の訪れが、＊＊様を力づけてくれますようにお祈りしております。

マナー
仏教では殺生を嫌うため肉や魚の「生ぐさもの」を避け、「寒中御見舞(目上の人には「お伺い」)」の短冊をつけて送ります。

季節の贈答（お中元）のお礼状・基本ひな型

お中元のお礼状

本人→知人・仕事関係者

書き出し（前文）

拝啓❶　盛夏の候となりましたが、❷皆様にはお変わりなくお過ごしのことと存じます。❸いつもお心にかけていただき、❹心より御礼を申し上げます。

❶ 頭語と結語

日常的な礼状なので「拝啓（送り状が添えられていたときは拝復）」「敬具」の組み合わせで。女性の場合、頭語を省き「かしこ」で結んでもOK。

❷ 時候のあいさつ

はがきでお礼状を出すときは、長々とした時候のあいさつは不要です。
・＊＊の候（みぎり・季節・ころ）となりましたが
など簡潔なフレーズでOKです。

❸ 安否のあいさつ

親しい相手に対しては「当方も皆無事に過ごしております」など自分側の安否を書き加える場合もあります。

主文

さて、このたびは、**ごていねいなお中元の品をご恵贈いただきまして、まことにありがとうございました。**❺

夏の食卓には何よりの品で、恐縮しつつもうれしくちょうだいすることにいたします。

結び（末文）

これから、❻**ますます暑さに向かいます折から、皆様のご健勝をお祈り申し上げます。**

まずは書中をもちまして御礼申し上げます。

❶敬具

❹ 感謝のあいさつ

品物へのお礼を述べます。お中元・お歳暮を毎年贈ってくださる方へは
・いつもお心にかけていただき
・いつもあたたかいご配慮を賜り
など「いつも」を強調します。

❺ 用件（お中元へのお礼の言葉）

自分の家族構成や好物を考えて品選びをしてくれたときは、なるべく具体的な感謝の言葉を添えます。仕事上など、儀礼的な贈答の場合は「結構なお中元の品をありがとうございました」だけでもかまいません。

❻ 結び

お中元なら、暑さの中で相手の体調を気づかう言葉、お歳暮なら、翌年の相手の健康や幸福を祈る言葉で結ぶと、まとまりがよくなります。

お中元をいただいたお礼

封書ではやや大げさなので、はがきが妥当です

基本的な文例

本人→知人

拝啓　盛夏の候となりましたが、お変わりなくお過ごしのことと存じます。日ごろはたいへんお世話になりまして、あらためて心より御礼を申し上げます。

さて、このたびはごていねいなお中元のごあいさつをいただきまして、まことにありがとうございました。いつもお心にかけていただき、恐縮しております。

これから夏本番を迎えます折から、皆様のご健勝をお祈りいたします。

まずは書中にて御礼申し上げます。

敬具

マナー
あらたまった相手には、はがき文でも頭語と結語を使って文面をととのえます。

品物への感想を添えて

本人→知人

いちだんと暑さが厳しくなってまいりましたが、皆様お元気でお過ごしのご様子、なによりと存じます。

さて、本日、ごていねいな**お便りとみごとなメロン**が届きました。いつもお心づかいをいただき、まことにありがとうございます。

メロンの一つはちょうど食べごろのようで、箱をあけたとたんに、**甘くみずみずしい香りが漂ってきました**。さっそく冷やして、暑気払いにいただくつもりです。

まずは一筆お礼のみにて。

注意点
送り状が添えられていたときは「お便り（ごあいさつ）→品物」の順にお礼を。

メモ
品物に対する感謝はなるべく具体的に。

夫の代理で書くとき

妻→夫の知人

お心づくしの冷酒が到着しました。毎年のことながら、お心にかけていただきまして、ほんとうにありがとうございます。

夏でも日本酒を好む夫が、なかなか入手できない逸品だと申しまして、たいへん喜んでおりました。

ご夫妻とも、お変わりなくお元気なご様子でなによりのことと存じます。また、近いうちにお二人で拙宅に遊びにいらしてくださいませ。

奥様にもどうぞよろしくお伝えくださいますように。

まずは御礼のみにて失礼いたします。

メモ

妻も、相手と面識があるなら、妻自身の言葉として「夫がこう申しておりました」とお礼状を書き、差出人を夫婦連名にするとよいでしょう。

今後辞退するとき

本人→部下

このたびはごていねいなお心遣いをいただき、感謝しています。と同時に、きちんと説明していなかった当方の不手際を反省しています。

実は、当社では社員どうしの贈答は行わない規定になっております。それを知らなかった＊＊さんに非はありませんが、**本来であればご返送すべきところです。**せっかくのご好意を無にするのも申しわけなく、今回に限り受領することにいたしますが、**今後は無用にお願いいたします。**

＊＊さんのエネルギッシュな行動力にはおおいに期待しています。今後、仕事もいっそう多忙になりますが、体調に留意して業務にあたってください。まずは一筆ご連絡まで。

応用

本来受けとれない場合、返送する（文例は95ページ）ほか、同額程度の品を返礼に送って断るという方法もあります。

マナー

相手によっては返送せずに「今後辞退」とします。

お歳暮をいただいたお礼

「来年もよろしく」という年末のごあいさつを添えて

基本的な文例

本人→知人

本年も残すところわずかとなりましたが、皆様おすこやかにお過ごしのご様子、なによりのことと喜び申し上げます。

さて、このたびはお心のこもったお歳暮の品をご恵贈いただき、まことにありがとうございました。いつもながらのごていねいなお心づかいに心より御礼申し上げます。

今後とも変わらぬおつきあいをお願い申し上げますとともに、⇆**明年のますますのご発展とご健勝をお祈りいたします。**

まずは書中にてお礼申し上げます。

応用

＊寒さ厳しき折、ご自愛のうえ、よいお年をお迎えください。＊末筆ながら皆様のご多幸とご健勝を心よりお祈りいたします。

相手から先に届いたとき

本人→知人

師走というのに、おだやかな日がつづいております。皆様お元気でお過ごしとのこと、心よりお喜び申し上げます。

このたびは、丁重なごあいさつをいただき、ありがとうございました。暮れを迎えますのに欠かせない品で、たいへんうれしくちょうだいいたしました。

⚠**本来ならば、もっと早くに当方からごあいさつすべきところ、**雑事に追われ、遅くなってしまいました。本日、心ばかりの品を別便にてお送りいたしましたのでご笑納くださいますようお願いいたします。

注意点

送り状を兼ねる場合「届いたからこちらも送る」という印象にならないように留意して。

贈答を辞退して返送するときのお礼

本人→仕事関係者

拝復　師走の候、ますますご健勝のことと存じます。

このたびは、ごていねいなお心づかいをいただきまして、**恐縮しております。**

ご厚情はありがたく存じますが、弊社では、お取引先様からのご贈答は、一律に辞退させていただいております。

お贈りいただきました品につきましては、まことに失礼ながら返送させていただきますので、ご受納くださいますようお願い申し上げます。手前勝手ではございますが、**規則で定められていることですので、**あしからずご了承ください。

末筆ながら、貴社いよいよのご発展をお祈りいたしております。まずは書中にてお礼かたがたおわび申し上げます。

敬具

メモ
「結構な品をいただき、ありがとうございました」と、品物への賛辞とともにお礼を述べたあとに、辞退して返送するのはおかしなものです。品物をほめる表現はあえて使わず、「恐縮しております」と控えめの表現にとどめるのが妥当です。

マナー
品物を受けとらずに返送するのは、強硬な行為です。相手の気を悪くさせないよう、気持ちには感謝しているが規則（社内規定／ルール／公務員という立場上など）で受けとれない、という点を強調します。

贈答

一筆箋・カードに向くショートメッセージ

上段は品物を贈るとき、下段は贈り物へのお礼のひとことです

＊＊県の知人から、名産品の＊＊をいただきました。わずかばかりですが、お福分けをお届けいたします。お口に合えばうれしいのですが。

実家から大量のみかんが送られてきました。家族３人のわが家に巨大な箱。親は、ありがたいやら困るやら、ですね。人助けと思って、お召し上がりくださいませ。

定年後、主人が燻製づくりを始めました。家族を実験台に研究を重ね、ようやく自信作完成とのこと。グルメの＊＊様にはお恥ずかしいのですが、お試しくださいませ。

思いがけないプレゼントをありがとうございました！　さっそく家族で堪能させていただきました。いつもお心にかけていただき、ほんとうにありがとうございます。

このたびは、ごていねいなお気遣いをいただき、ありがとうございました。なかなかお目にかかれませんが、また楽しくおしゃべりできる日を心待ちにしています。

当地ではなかなか手に入らない本場物をありがとうございました。「おうちごはん」ばかりでマンネリ気味だったので家族も大喜び。あたたかいお気持ちに感謝・感謝！

PART 4

お祝いごとの手紙・はがき

目的によって赤白水引の形を選ぶ

売り場には、さまざまな「のし袋（祝儀袋）」があります。お祝いなど、おめでたい用途には赤白の水引がついている袋を使いますが、お祝いの種類によって選び分ける必要があります。

祝儀袋の基礎知識

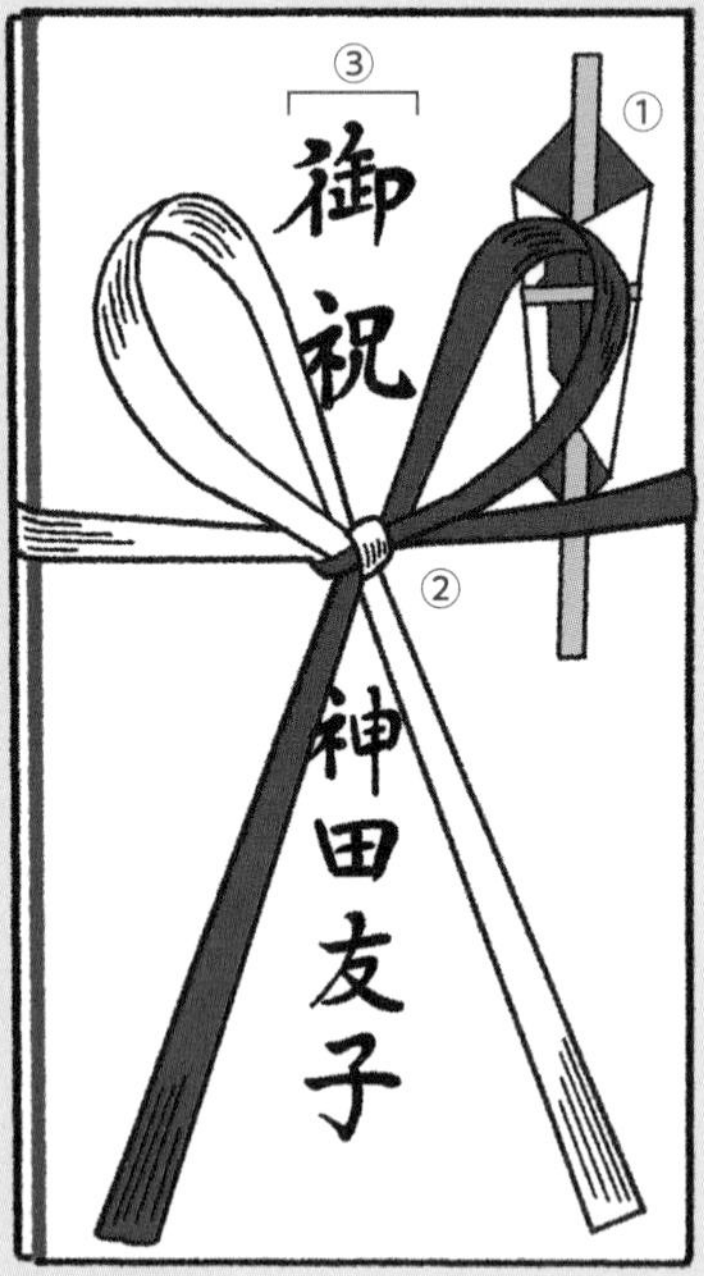

①のし

「のしあわび」を紙で包んだ形になっています。もともとは「肴も添えてお贈りします」という意味があります。

②水引

結びひものこと。お祝いには赤白または金銀を用います。ちなみに、宮中では古くから「紅白」の水引が使われていたため、一般に市販される祝儀袋の水引は「赤白」と呼んで区別しています。

③表書き

なんのお祝いかわかるように書きます。「御出産祝」など４文字では「死」を連想すると嫌う人もいるため「御出産御祝」「出産之内祝」などと調整する場合もあります。

1. 蝶結びの水引＋のし

何度あってもいい結婚以外のお祝いごと（またはお礼）

出産／入学／開業／賀寿／受賞／叙勲祝いなど
お祝い以外にも、お礼、お年玉など幅広く使う。

蝶結びは、ほどいて結びなおせるため、繰り返してもいいお祝いに用います。賀寿、叙勲など盛大に祝うときは金銀の水引も使われます。

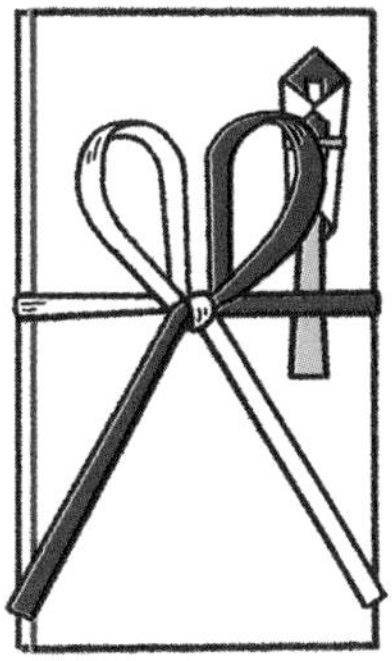

2. 結びきりの水引＋のし

結びきり
（真結び）

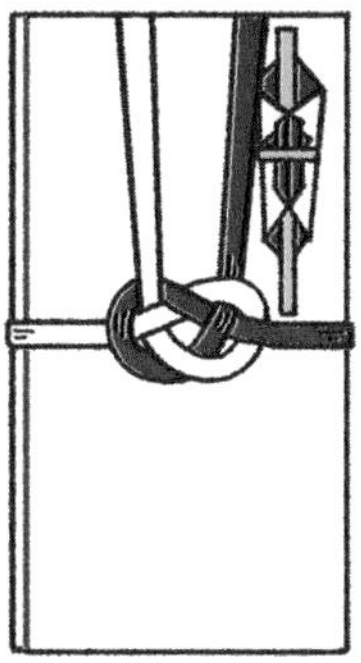

あわじ結び
（結びきりの応用）

一度きりにしたい結婚に関するお祝い（またはお礼）

結婚祝い／婚家からのご祝儀やお礼など

水引の端を引っぱってもほどけないので、一度きりのお祝いごとに用います。ただし、関西以西では、結婚以外のあらたまったお祝いにも使う慣習があります。

3. 結びきりの水引・のしなし

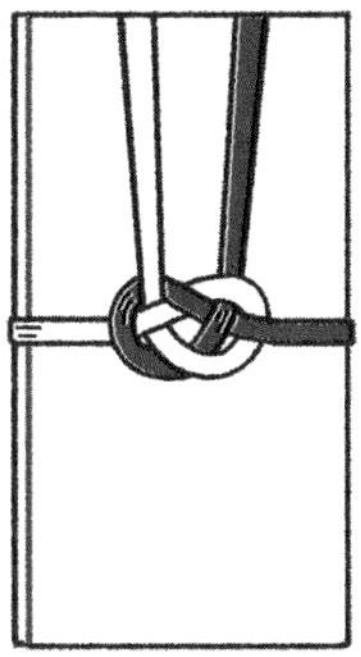

一度きりで引き延ばしたくない快気祝い（や病気見舞い）など

「のし＝伸ばす」という連想から、病気やけが、入院などに関する用件では、のしのない袋を用います。

結婚祝いの手紙

招待状が届いたらメッセージを添えて返信します

出席の場合

本人→新郎新婦

このたびはご結婚おめでとうございます。
お招きいただきまして
ありがとうございます。
喜んで出席させていただきます。

御出席
御欠席

どちらかを○でお囲みください。

御住所　東京都品川区上大崎○－○－○
御芳名　神田○○

マナー

「出席」をマルで囲み、上の「御」と左の「御欠席」を二重線で消します。さらに、住所の上の「御」、左の「御芳」も二重線で消します。「芳」も自分に対する敬語表現なので、忘れずに消しましょう。

欠席の場合

本人→新郎新婦

ご結婚おめでとうございます。
せっかくのお招きですが、あいにく
子どもの卒業式と重なりますので、
残念ながら伺うことができません。
なにとぞご了承くださいませ。

御出席
御欠席

どちらかを○でお囲みください。

御住所　東京都品川区上大崎○－○－○
御芳名　神田○○

マナー

「出席の場合」と同様に、敬語表現を消します。招待を受けたのなら、欠席の場合もお祝いを贈ります。出欠確認のはがきの返送とは別に、手紙を添えて送りましょう。

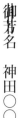

欠席だがお祝いを贈る

本人⬇新郎新婦

このたびはご結婚おめでとうございます。春風とともに舞い込んできたうれしいお知らせに、自分のことのように心がはずんでいます。

そして、披露宴にもご招待いただき、ありがとうございます。返信はがきにも書きましたが、⇆**どうしても出席できず、**申しわけありません。まことに残念です。

心ばかりですがお祝いの気持ちを同封いたしましたのでお納めください。

当日に向け、なにかとお忙しいことと存じますが、お体に気をつけて晴れの日をお迎えください。どうぞ末永くお幸せに。

応用

体調不良や身内の不幸などで欠席するときはくわしい理由をあえて書かずに、「やむを得ず」「どうしてもはずせない所用で」とぼかして書きます。

入籍だけのカップルを祝う

本人⬇新夫婦

⚠**ご結婚おめでとうございます！**

いずれあらためて、お二人にお目にかかれるのを楽しみにしております。お二人の未来が、光に満ちたものでありますようにお祈りしています。

注意点

「披露宴を楽しみにしていたのに」「地味婚」など否定的な表現は控えます。

再婚カップルにお祝いを贈る

本人⬇新夫婦

このたびはおめでとうございます。うれしいニュースを心から喜んでいます。♥**新しい門出のお祝いに、**ささやかな品をプレゼントさせてください。

どうぞいつまでもお幸せに。

マナー

再婚や授かり婚など「ワケあり」結婚の場合も、特にそれにふれる必要はありません。

子どもの出産・成長を祝う手紙

専用のカードや祝儀袋で愛らしい印象に

出産祝い

夫婦連名→親戚

美由紀さんのご出産おめでとうございます。無事にかわいらしい女の子がご誕生と伺い、うれしく安心しました。

美由紀さんのご回復も順調とのことで、よかったですね。とはいえ、出産という大きな仕事のあとですから、ご無理なさらずに、ゆっくり静養なさってくださいね。

心ばかりのお祝いを♥**同封いたしますので、**お納めください。

赤ちゃんのおすこやかなご成長を、心よりお祈りします。

ほんとうにおめでとう！

マナー

コロナ禍の現在は、訪問を控え、手紙やカードでのお祝いがベスト。親しい間柄ならメールして、お祝いは別便で送っても。

出産祝い

女性→男性の友人

清水健斗様　まどか様

元気な男の赤ちゃん**ご誕生おめでとうございます。**奥様も赤ちゃんもお元気と伺い、安心しました。ささやかですが、お祝いの気持ちをお受けとりくださいませ。

お二人の愛情に包まれて、赤ちゃんがすくすくと成長なさいますように。

小川貴子（＊＊高校同期）

メモ

男性（パパ）あてに送るときは「ご出産おめでとう」ではなく「ご誕生」とします。

注意点

相手の奥様（ママ）は心身ともに敏感な時期です。親しげな表現は避け、相手（パパ）との関係を書き添える配慮も必要です。

入園祝い

女性→友人

楓太くんのご入園おめでとうございます。

黄色いバッグを肩にかけた、りりしい姿が目に浮かびます。**ママも、ほっとひと息というところですね。**これからは少し自分の時間が持てると思うので、落ち着いたらゆっくりおしゃべりを楽しみましょう。

ささやかなお祝いに、私が使って便利だったお弁当グッズを贈ります。SNSにアップするかどうかはともかく、毎朝写真を撮ると、記念にも参考にもなりますよ。

では近いうちにお会いできるのを楽しみに。ほんとうにおめでとう！

応用

「無事に大きな節目を迎え、さぞお喜びでしょう」「いつもつないでいた手があき、寂しさもあるのかな」など母親に対しての思いやりの言葉を盛り込みます。

入学祝い

夫婦連名→親戚

このたびは、菜々美ちゃんのご入学おめでとうございます。

ついこの間までよちよち歩きをしていたように思えますが、もう小学生になるのですね。大輔さんご夫妻にとっては、楽しくもお忙しい数年間だったでしょうから、ご感慨もひとしおのことでしょう。

菜々美ちゃんも、ワクワクドキドキしながら入学の晴れの日を待っているのでしょうね。**気持ちばかりのお祝い**を同封いたしますので、お納めください。

たくさんのお友達に囲まれた、楽しく有意義な小学校生活になることを、心からお祈りしております。

マナー

学用品などは学校で指定されているケースが多いので、現金でのお祝いが無難です。

新しい門出を祝う手紙

いままでの経験を生かし、さらに飛躍をと祈ります

姪の大学入学を祝う

夫婦連名➡親戚

このたびは、大学⚠**ご進学**おめでとう。

いまは何でも食べられる麻衣ちゃんですが、小さいころは食物アレルギーがあって、ご両親は、ずいぶん食事に気をつかっていました。お米の粉で作ったパンやケーキを、私もいただいたことがありますが、愛情たっぷりのやさしい味を思い出します。

麻衣ちゃんが東京で一人暮らしをすることになり、お父さんお母さんはちょっと寂しい思いをしているかもしれませんね。これからは、充実した学生生活を送ることが、いちばんの親孝行! 期待しています。

注意点
正式には、中学までの義務教育は「入学祝い」、それ以降は「進学祝い」とします。

相手の子女の就職を祝う

本人➡取引先

拝啓　日ごとに春めくこのごろ、いよいよご隆盛のこととお喜び申し上げます。

このたびは、ご長男様が貴社にご入社とのこと、心よりお祝いを申し上げます。

承れば、ご本人様の強いご意志によるものとのことで、すぐれた後継者を得られて、**小池社長もさぞ心強くお喜びのことと拝察いたします。**ご子息様が今後実力を存分に発揮され、貴社がますますのご発展を遂げられますことを確信しております。つきましては、心ばかりのお祝いをお届け申し上げますのでご受納ください。

敬具

メモ
親にあててのお祝いは、親の喜びや安堵を思いやる表現を盛り込みます。

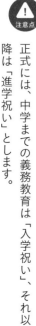

栄転を祝う

本人→先輩

このたびは本社営業部へのご栄転、まことにおめでとうございます。

名古屋支店ご在勤中は、ひとかたならぬお世話になり、あらためてありがとうございました。私が、まがりなりにも営業マンとして仕事ができるようになったのは、先輩の親身な指導のおかげと、心から感謝しております。

本社では、これまで以上にご多忙になることと存じますが、お体に気をつけてますますご活躍ください。

出張などで当地へお越しの節は、ぜひお声をかけてください。**まずはお祝いまで。**

マナー　お祝い→お世話になったお礼→今後の活躍を祈る言葉、という順に構成します。

注意点　お祝いの金品の可否は規定や慣習を確認して。

転居を祝う

本人→親戚

杏奈ちゃんへ

一人暮らしのスタート、おめでとう！

お父さんとお母さんは、ずいぶん心配していたみたいね。でも、私は大賛成。私も結婚するまでの数年間、一人暮らしをしていたのだけれど、あの時期があったから、心身ともに自立することのむずかしさとたいせつさを学べたのだと思っています。

新居は拙宅から近いので、困ったことなどあればいつでも気軽に連絡してね。

応援していますよ！

まさみ

注意点　新築・転居祝いには、調度品が好適品とされましたが、好みがあるものだけに、最近は現金・ギフト券を贈る傾向にあります。

栄誉を祝う手紙

これまでの努力や実績をたたえる言葉を添えて

展覧会の入選を祝う

本人→友人

⚠＊＊展ご入選、ほんとうにおめでとうございます！

これまでの長年にわたる地道なご努力を存じ上げているだけに、今回、見事に大輪の花を咲かせたことを、自分のことのようにうれしく感じています。

遠方のため、展覧会を拝見できないのは残念ですが、いっしょに喜びを分かち合いたい気持ちを、ささやかな花にかえて、お届けいたします。

いっそうのご活躍をお祈りします。

注意点

展覧会の名前や賞の名（入選／特選など）をまちがえるのは非常に失礼です。必要に応じて、展覧会の事務局などに確認します。

叙勲を祝う

本人→取引先

謹啓　菊花の候、ますますご清栄のこととお喜び申し上げます。

このたびは、＊＊章のご受章、まことにおめでとうございます。これまでの多年にわたるご功績を思えば、当然のことと存じますが、名誉ある形に結実されましたことをただただうれしく存じております。

今後は、豊富なご経験をもとに、いっそうご手腕を発揮されますことを祈念しております。

まずは略儀ながら書中にてお祝いを申し上げます。

謹白

メモ

勲章や褒章を受けるのは「受章」、授けるのは「授章（式）」。「受賞式」としないこと。

開業・開店を祝う手紙

相手が目上でも現金のお祝いを贈ってOK

開業を祝う

本人→先輩

秋空が澄み渡る好季節を迎えました。
このたびは、いよいよご自身の事務所をご開業とのこと、まことにおめでとうございます。以前から開業の夢は伺っていましたが、こんなに早く、そして順調に実現なさるとは、さすが先輩と感服しています。
堂々の船出を祝って、なにか品物をと考えたのですが、当方、センスにはまるで自信がありません。♥**失礼とは存じますが、**心ばかりの気持ちを同封しますので、ご受納くださいますようお願いいたします。
ご盛業を心より祈り、一筆お祝いまで。

マナー

現金を贈るときは「失礼ですが」のひとことを添えるとていねいな印象になります。

開店を祝う

本人→知人

念願のお店のオープン、おめでとうございます。ご感慨もひとしおのことと存じます。出張の際は、ぜひ立ち寄らせていただきます。ご繁栄とご健勝を心よりお祈りします。

メモ

花などを贈るときも、メッセージを添えて。

社屋完成を祝う

本人→取引先

新社屋の⚠**ご竣成**まことにおめでとうございます。長年のご努力に敬意を表し、心よりお祝いを申し上げます。ますますのご隆盛と、社員の皆様方のご健勝をご祈念します。

注意点

竣成《しゅんせい》とは、建築物ができあがること。「落成」は「落」の語感が悪いので避けます。

お礼とお返しのマナー

返礼品が必要かどうかはケースバイケース

金品をいただいたり、お世話になったりした場合には、手紙やはがきで「ありがとう」と謝意を伝えることが大事です。ただし、「品物は無事に届いた」「紹介してもらった会社から内定が出た」など、ことの成り行きを相手が気にしているときは電話やメールですぐに報告します。

返礼品を贈るかどうかは、左表のように、（して）いただいた内容によって判断しましょう。

お返し（返礼品）が必要かどうかの目安

いただいたもの、していただいたこと	返礼品の要不要	返礼品ののし紙の表書き	のし紙の名入れ
お中元・お歳暮	不要（「日ごろのお礼」として送られたものなので、さらに返礼する必要はない）	＊	＊

お祝いのお返しは「内祝」とする

内祝とは、内輪で行うお祝い、または自分の家の祝いごとに品物を贈ることで、本来はお祝いをいただいたかどうかにかかわらず行うものでした。しかし、現在は、お祝いをいただいた方にだけ、内祝の品を贈るならわしになっています。なお、4文字の表書きを「4＝死」につながるときらう人もいるため、「出産内祝」ではなく「出産之内祝」とする場合もあります。

プレゼント	不要（別の機会に返すことも）	＊	＊
結婚祝い	必要	結婚之内祝／内祝	入籍前は両家の姓を併記、入籍後は新姓のみ
出産祝い	必要	出産之内祝／内祝	赤ちゃんの名前（姓なし、必要に応じてふりがな）※
入園・入学祝い	「お互い様」の考えから不要とされてきたが、現在は返礼する人が多い	入学之内祝／内祝	姓のみ、または子の名前
就職祝い	初月給・ボーナスが出たら贈り物をすると喜ばれる	（のしは不要）	＊
受賞・入選祝い	不要	＊	＊
昇進・栄転祝い	基本的には不要だが、栄転の場合は着任地の名産品などを贈ることも	（のしは不要）	＊
開業・開店祝い	不要だが、店名・社名入りの記念品などを作って渡す場合もある	粗品／御挨拶	店名、法人名など
新築祝い	近くなら新居に招いてもてなす、遠方の場合は返礼品を贈ることが多い	新築之内祝／内祝	姓のみ
おもてなし / **協力（お世話になった）**	相手の負担が大きかった場合には必要	御礼／謹謝（目上へ） 寸志（目下へ）	姓のみ
金品の貸与	借りた品物に応じて、返礼品を添える	（のしは不要）	＊

※地域によっては、のし紙には親の姓を書き、別に赤ちゃんの名を書いた短冊を添える習慣もあります。

お祝いへのお礼状・基本ひな型

出産祝いへのお礼

本人⬇お祝いをいただいた方

書き出し（前文）

拝啓　暑さもようやく峠を越え、過ごしやすい季節となり、皆様には、おすこやかにお過ごしのこととお喜び申し上げます。おかげさまで、当方も母子ともに順調でございます。

1 頭語と結語

友人・同僚など同世代に贈る場合は「拝啓」「敬具」を省き、「暑さも……」と書き始めるほうが、親しみのこもった文面になります。

2 時候のあいさつ

出産という祝いごとへのお礼なので、「残暑」など厳しさを感じさせる表現を避け、明るい言葉を選びます。

3 安否のあいさつ

ママや赤ちゃんのその後を、相手も気にかけてくれているので、こちらの状態も伝えます。「夜泣きで毎晩寝不足です」など心配させるようなことを書くのは控えます。

結び（末文）	主文

さて、このたび私どもの長女の出生に際しましては、❺**さっそくごていねいなお祝いをいただきまして、まことにありがとうございました。**

太陽のように明るく、菜の花のようにすくすく育ってほしいという願いを込め「陽菜（ひな）」と命名いたしました。これからは二人で協力し、育児に励んでまいりたいと存じます。未熟ではございますが、どうぞこれからもよろしくお願い申し上げます。

なお、ささやかですが内祝のしるしをお届け申し上げますのでご笑納ください。

❻**末筆ながら、皆様のますますのご健勝とご多幸をお祈り申し上げます。**

❶敬□具□

❹ 感謝のあいさつ

お礼が本題なので、前文では感謝のあいさつは省いてOKです。

❺ 用件（お祝いへのお礼）

洋服や育児グッズなど、品物でお祝いをいただいたときは「お心のこもった／かわいらしい（お祝いをいただき）」とアレンジします。

❻ 結び

祝いごとに関する手紙では、「ご自愛ください」などの気づかいの言葉より、相手の健康や幸福を祈る表現で結ぶほうが明るい印象になります。

結婚祝いへのお礼

主賓と披露宴に招待しなかった人にはお礼状を出します

主賓へのお礼

新郎新婦→恩師

拝啓　錦秋の候となりましたが、先生にはご健勝にお過ごしのことと存じます。

先日の私どもの結婚披露宴では、お心のこもったご祝辞をいただき、まことにありがとうございました。♥**そのうえ過分なお祝いまでちょうだいし、恐縮しております。**

未熟な二人ではございますが「＊＊」という先生からいただいたお言葉を胸に刻み、力を合わせて新しい生活を築いていく所存です。どうか今後ともご指導のほどをよろしくお願い申し上げます。

敬具

♥マナー

お礼としては、当日「お車代」をお渡しするのが礼儀です。辞退されてしまった場合は、商品券などを同封するのも一法です。

お世話になった人へ

新郎新婦→友人

先日の私どもの披露宴では、受付を担当していただき、ほんとうにありがとうございました。にこやかに、そして的確にお客様に対応していただいたおかげで、たいへんスムーズだったと、両親も申しております。頼りになる友人がいて心強いです！

新婚旅行から無事に帰国しました。ささやかなおみやげを、お礼のしるしにお送りしますので、召し上がってください。

⇄**これからも、どうぞよろしくお願いいたします。**まずはお礼まで。

⇄応用

＊当日はあまりお話しできなかったので、近いうちにゆっくりお会いしたいです。
＊新居にもぜひ遊びに来てくださいね。

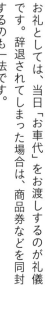

披露宴を行わなかったとき

新郎新婦⬇知人

春らしい日ざしがうれしいころとなり、おすこやかにお過ごしのことと存じます。

このたびの私どもの結婚に際しましては、ごていねいなお祝いをいただきまして、まことにありがとうございました。

皆様へのご披露の席を設けず、**親族のみの食事会をけじめといたしましたこと、**お許しください。これからは二人で協力し、明るい家庭を築いていきたいと存じます。

本日、ささやかな内祝のしるしを別便にてお送りいたしました。

これからもご指導ご助言のほど、どうぞよろしくお願いいたします。

メモ

親族の食事会を行ったことを書き添えれば、「披露宴をしない＝ワケあり」ではないことが伝わります。

コロナ禍で披露しないとき

新郎新婦⬇親の知人

拝啓　初夏の候、ますますご清祥のこととお喜び申し上げます。

このたびは、ごていねいに結婚祝いをお贈りいただきまして、まことにありがとうございました。時節柄、皆様をお招きしての披露宴は控えさせていただくこととしました。このようにお心づかいをいただきまして、恐縮しております。

気持ちばかりではございますが、内祝のしるしをお届けいたしますので、お納めくださいますようお願い申し上げます。

⇄未熟な両名ですが、今後ともどうぞよろしくお願いいたします。

敬具

応用

＊両親からくれぐれもよろしくとのことです。
＊いずれ帰省の折にはあらためましてごあいさつに伺う所存です。

出産祝いへのお礼

出産祝いへのお礼①（内祝の送り状を兼ねて）

夫婦連名➡お祝いをいただいた方

秋も深まってまいりましたが、皆様にはおすこやかにお過ごしのことと存じます。

さて、このたび、私どもの長男誕生に際しましては、**心あたたかいお祝いをいただき、まことにありがとうございました。**

おかげさまで、母子ともに経過は順調です。子どもは、未来に向かって大きく羽ばたいてほしいという願いを込めて「大翔（ひろと）」と命名いたしました。なにかと不慣れで、戸惑いも多い新米の両親ですが、二人で協力して子育てを楽しんでいこうと思っております。

皆様には、今後ともご指導やご助言をいただければ幸いです。

なお、ささやかながら内祝のしるしを別便にてお送りいたしましたので、お納めくださいますようお願いいたします。

寒さに向かいます折から、いっそうのご自愛をお祈りいたしまして、ご報告かたがた御礼を申し上げます。

ポイント

❶お祝いへのお礼／母子の健康状態や近況／子どもの名前と命名理由／の3点を盛り込む。
❷漢字の名前には、読みがなを書き添える。
❸子どもの写真を同封すると喜ばれる。

マナー

出産報告は最小限の範囲に

出産後に「赤ちゃんが生まれました」と知らせるのは、パパママの実家、きょうだい、産休中の職場、妊娠を知っている親しい友人程度に。喜びのあまり、広い範囲に知らせると、お祝いを催促しているように受けとられてしまうこともあります。

出産祝いへのお礼②（産休中の職場へ）

本人（母親）➡職場

ポイント

❶産休で職場に負担をかけている現実を忘れずに。
❷復帰後は、いっそう仕事に励みたいという決意を伝える。
❸職場へは、頭語・結語を使い、ビジネス文書形式で。

拝啓　花の便りが各地から届く季節となりましたが、皆様にはお元気でご活躍のことと存じます。

さて、先日は長女の誕生にあたり、あたたかいお祝いの言葉とごていねいなお心遣いをいただき、まことにありがとうございました。有効に使わせていただきます。

おかげさまで、母子ともに健康に過ごしております。植物が芽吹く時期に生まれた子どものすこやかな成長を願い「芽生（めい）」と名づけました。

これからしばらく休暇をいただくため、皆様にはご迷惑をおかけし、恐縮しております。復帰後は、新しい家族のためにも、いっそう仕事に精進いたします。どうぞ、今後もご指導のほど、よろしくお願い申し上げます。

心ばかりですが、♥⚠**内祝いのしるしをお送りいたしますので、**ご笑納くださいますようお願いいたします。

まずは書中をもちまして御礼申し上げます。

敬具

♥ マナー　内祝の品物選びはいただいた人数に応じて

「有志」「一同」名義のときは、職場全体で楽しめる、個包装のお菓子や、コーヒー・お茶のセットなどが適しています。3〜4人以下なら、いただいた金額を人数で割り、個別に準備するのがよいでしょう。

⚠ 注意点　送り状を同梱するときは封をせずに

封をした「信書」は宅配便では送れません。

子どもの成長祝いへのお礼

子育ての近況を伝えながら心を込めて

出産祝い

夫婦連名→親戚

五月晴れの空が広がる季節となりましたが、お元気でお過ごしのことと存じます。

このたびは、心のこもったお祝いをいただき、まことにありがとうございました。

初めての育児はとまどうことも多いのですが、二人で助け合い、子どもとともに成長したいと思っております。これからもご指導のほどよろしくお願いいたします。

なお、ささやかながら内祝をお届けいたしますのでお納めください。⇄**落ち着きましたら、＊＊の顔を見せに伺います。**

応用

多人数に出す場合は、子どもの写真を入れるなどしてパソコンでお礼状を作成しても。その場合、最後の一行は省きます。

小学校入学祝いへのお礼

親→親戚

いつの間にか葉桜の季節となりました。

先日は、優香のために入学祝いをいただき、まことにありがとうございました。

最近、外国のことに興味を持ち始めたようですので、⇄**いただいたお祝いで地球儀を買わせていただきました。**本人もたいへん喜んで、毎日ながめております。主人からも、くれぐれもよろしくとのことです。

本日は、心ばかりの内祝をお届けいたしますので、どうぞお納めくださいませ。

まずは一筆御礼のみにて。

かしこ

応用

お祝いに現金をいただいたときは、文例のように何を購入したか報告するか、「有効に使わせていただきます」とします。

中学入学祝いへのお礼

親⬇夫の両親

このたびは潤のために過分なお祝いをちょうだいいたしまして、まことにありがとうございました。

電車通学になりますため、親としても何かと心配があり、**少し早いのですが、お祝いでスマートフォンを持たせることにいたしました。**「おじいちゃま、おばあちゃまに買っていただくのだから、ゲームばかりに使ってはダメよ」とくぎを刺しておくことにします。

本人も、つたないながらお礼の手紙を書きましたので同封いたします。

まずはお礼のみにて失礼いたします。

注意点

中学生のスマホ所持率は5割を超えていますが、祖父母世代に対しては「早いのですが」とことわりを入れておくのが無難です。

中学入学祝いへのお礼

本人⬇祖父母

じぃじとばぁばへ

先日は、**僕のために**入学祝いを送ってくれて、ありがとう。

いよいよ四月から中学生です。行きたかった学校に進むことができ、うれしいです。勉強や友だちのことで、心配はあるけど、**精いっぱい努力するつもりです。**

これからも、よろしくお願いします。まだ寒い日があるので、かぜをひかないように気をつけてね。

ほんとうにありがとう!

潤

マナー

中学入学以降は、本人からもお礼状を。話し言葉の調子で書くほうが自然です。

応用

＊充実した三年間になるよう、勉強も部活もがんばります。＊勉強や友人との新しい出会いや発見を楽しみにしています。

就職祝いへのお礼

入社後に給与で返礼する方法もあります

本人⬇親戚

就職祝いへのお礼

日に日に春らしくなってまいりましたが、俊也伯父様、ご家族の皆様にはお元気でお過ごしのことと存じます。

先日は、私の就職のために、たいへん過分なお祝いを頂戴いたしまして、ありがとうございました。母とも相談いたしまして、通勤用のバッグを買わせていただくことにします。

いよいよ春から社会人だと思うと、身が引き締まります。父のいない私に対し、これまで伯父様には何かにつけて力になっていただき、たいへん心強い思いをいたしました。あらためて、ほんとうにありがとうございました。入社後は、早く一人前になって、伯父様伯母様、そして母に安心してもらえるよう、努力してまいります。どうかこれからも、親がわりとして、また社会人としての頼もしい先輩として、いろいろ教えてくださいますよう、お願いいたします。

♥**心からの感謝を込めて、御礼申し上げます。**

ポイント
❶いままでお世話になったお礼＋今後の意気込みで構成。
❷「親と相談して○○を購入」とすれば好感度アップ。
❸深い感謝の気持ちを伝えたいときは、結びに再度お礼を述べる。

マナー
就職祝いのお返しはすぐに行わなくてもよい

就職祝いは、本人が入社前で、定収入のない時期にいただくものです。無理をしてすぐにお返し（内祝）を行う必要はありません。まずは、お祝いへのお礼状だけを出し、後日、左ページのように「初月給（またはボーナス）で買いました」とプレゼントを贈るほうが、相手の心に届く場合も。

初月給でお礼の品を送るとき

本人→就職祝いをいただいた方

初夏を思わせるような毎日がつづいておりますが、光江叔母様には、おすこやかにお過ごしのことと存じます。その節は、ごていねいな就職祝いをいただきまして、ありがとうございました。あらためて、心から御礼を申し上げます。

四月一日、無事に入社いたしまして、現在はまだ研修中です。仕事をきちんと覚えられるだろうかという不安は尽きませんが、幸いにも明るい雰囲気の職場で、充実した毎日を過ごしております。

実は、先日、初めてのお給料をいただきました。学生時代にアルバイトの経験があるとはいうものの、きちんとした給与明細を手にすると、⇆**社会人になったという実感がわいてきます**。記念すべき、そしてたった一度だけの初月給で、♥**心ばかりのお礼の品**を求めました。どうぞお納めくださいますよう、お願いいたします。

長くお仕事をつづけていらした光江叔母様には、教えていただきたいことがたくさんあります。どうぞこれからも、ご指導ご助言をよろしくお願い申し上げます。

かしこ

ポイント

❶お祝いをもらったときに電話または手紙→お返しのプレゼントの送り状、の二段構えで。

❷入社後の仕事のようすや自分の近況も伝える。

❸かた苦しくしたくないときは、封書でなく、カードを使って。

応用 **社会人としての自覚を伝える表現**

▼いままで皆様に支えられてきたありがたさを実感します。▼希望の仕事につけた喜びを、日々かみしめています。

マナー **のし紙に「内祝」でなくリボンをかけるだけでも**

「お返しではなくささやかな贈り物」という気持ちを伝えるため、あえてのし紙をつけず贈ってもよいでしょう。

昇進・栄転祝いへのお礼

自分をたたえる表現を避け、「転任」「着任」に

基本的な文例

本人⬇関係者

拝啓　陽春の候、ますますご清祥のこととお喜び申し上げます。　さて、私こと

このたびの異動により＊＊支社に転任となり、過日着任いたしました。本社在勤中は、格別のご厚情を賜り、まことにありがとうございました。新しい任地におきましても、微力ながら職務に精励する所存ですので、いっそうのご指導を賜りますよう、よろしくお願い申し上げます。

敬具

♥**ごていねいなお心づかいをいただき、まことにありがとうございました。**

マナー

グループから記念品をいただいた程度なら、印刷のあいさつ状に一筆添えればＯＫ。

昇進祝いへのお礼（お返しなし）

本人⬇取引先

桜花の候となりましたが、ますますご清祥のこととお喜び申し上げます。

先日は、ごていねいなお心づかいをいただき、まことにありがとうございました。また、これまで賜りましたご厚情に、あらためて心より御礼を申し上げます。

近日中に、新担当者とともにごあいさつに伺う所存ですので、どうか今後ともよろしく**お引き回しのほどをお願い申し上げます。**

まずは略儀ながら書中にて御礼のごあいさつとさせていただきます。

メモ

「お引き回し」とは、指導や世話をしてもらうことを、その相手を敬っていう表現。外部の取引先などに向けて使います。

赴任先の名産品を贈る

本人→取引先

このたびの転任に際しましては、あたたかい励ましのお言葉とお心づかいをいただきまして、まことにありがとうございました。おかげさまで過日無事に着任し、引継ぎをすませたところでございます。

土地の事情が違いますので不慣れなこともございますが、いままでご指導いただきましたことを今後に生かし、職務に適進する覚悟でございます。

御礼のごあいさつのしるしに、**当地名産の＊＊をわずかばかりですがお送りいたします。**

貴社ますますのご発展をお祈りいたしまして、まずは書中にて御礼申し上げます。

注意点

返礼品を職場あてに送る場合は、日持ちのする個包装のお菓子などが好適品です。

妻が代筆する

妻→夫の知人

新緑が目にまぶしい季節となりました。

原田様にはいよいよご清祥のこととお喜び申し上げます。

このたび主人の転任に際しましては、過分なお心づかいをいただきまして、恐縮しております。

＊＊支社在勤中は、格別のご高配を賜り、心より御礼を申し上げます。夫婦とも去りがたい思いでいっぱいでございました。

これからも出張などで伺う機会もあるかと存じますので、どうぞ変わらぬご厚誼のほどをお願い申し上げます。

長期出張に出ております夫にかわり、まずは一筆御礼を申し上げます。

かしこ

メモ

妻自身が相手と面識があるときは「(失礼ながら)夫にかわり」と書き添えます。お礼状は本人が書くのが原則だからです。

開業・開店祝いへのお礼

過度なＰＲは控え、今後の指導を願う謙虚な姿勢で

開業祝いへのお礼

本人→先輩

先日は、ごていねいなお祝いをお贈りいただき、ありがとうございました。いつもお心にかけていただきうれしく存じます。

おかげさまで＊月＊日に新事務所をスタートさせました。何から何まで自分でこなさなくてはならず、時間がいくらあっても足りない状態ですが、その分、大きなやりがいと達成感があります。

⇆**未熟な私ですので、どうかこれからも折にふれアドバイスをお願いいたします。**

まずは一筆御礼のごあいさつまで。

応用

＊女性（男性）の目からご助言をお願いできればと思っております。＊今後ともあたたかいお力添えをお願いいたします。

開店祝いへのお礼

本人→知人

このたびは、私どもの新規開店にあたり、心のこもったお祝いをご恵贈いただきまして、まことにありがとうございました。

新しい土地での、ゼロからのスタートとなります。まだ手探りの状態ですが夫婦力を合わせて努力してまいります。実店舗は遠方でございますが、オンラインでの販売も行っておりますので、**サイトもご高覧いただければ幸いです。**

森田様のご多幸とご健勝をお祈り申し上げまして、まずは御礼申し上げます。

メモ

店の地図や営業時間、定休日。ホームページのＵＲＬなど、利用する人の立場に立った情報を忘れずに盛り込みます。

新築祝いへのお礼

調度品のお祝いなら、どのように飾ったか具体的に伝えます

内祝品に添えて

本人→知人

小春日和のおだやかな日がつづいておりますが、おすこやかにお過ごしのことと存じます。先日は、りっぱな観葉植物をいただき、ありがとうございました。さっそくリビングの窓辺に飾らせていただきました。まだ庭もととのえておりませんので、緑を目にすると心が安らぎます。

おかげさまで、新しい環境にも慣れてまいりました。**以前より遠くはなりましたが、ぜひ一度遊びにいらしてください。**

本日は心ばかりの内祝をお届けいたします。まずは書中にて御礼まで。

注意点

定番の「お近くにお越しの節は」以外の表現を工夫して気持ちの伝わる文面に。

新築披露のあとで

本人→親戚

昨日は遠方にもかかわらず、お越しいただきまして、まことにありがとうございました。**そのうえ過分なお祝いまでいただきまして恐縮しております。**

これまでのマンション暮らしとは異なり、地域の活動も活発なようです。私も積極的にかかわりながら暮らしていこうと、前向きに考えております。町内会の役員をしているおば様には、これからいろいろアドバイスをお願いすることもあるでしょうが、どうぞよろしくお願いいたします。

マナー

披露の場で、お祝いへのお礼は述べているでしょうが、後日あらためて来訪のお礼を書き送るのがていねいな方法です。

受賞・叙勲祝いへのお礼

「今回の栄誉は周囲のおかげ」の姿勢で

受賞祝いへのお礼

本人⬇指導者

拝啓　菊薫るころとなりましたが、先生にはその後お変わりなくご活躍のこととお喜び申し上げます。

先日は、ご多忙のところ、私の○○展入選祝いの会に📝**ご出席いただきまして**、まことにありがとうございました。身に余るご祝詞と、あたたかい励ましのお言葉に、先生からご指導を受けた十五年間のさまざまな思い出がよみがえり、胸が熱くなりました。

これまで、自分の作風に迷うこともありましたが、そのたびに先生の「絵筆に訊け」という教えを思い出しながら乗り越えてまいりました。長年の宿願だった入選を果たすことができましたのも、ひとえに先生のおかげと、心より感謝いたしております。

目標を達成して、安堵しているのは事実ですが、これに慢心することなくこれからも精進してまいります。どうぞ、今後ともよろしくご指導のほどをお願い申し上げます。

敬具

ポイント

❶ **祝宴の主賓にはお礼状を出す。**
❷ **自分の喜びや達成感は控えめに。**
❸ **「今後も努力するのでご指導をお願いしたい」と結ぶ。**

メモ

「来る」「出席する」のいろいろな敬語表現

特にことわりのない語句は、「〜いただき」または「〜賜り」として使います。

日常的な用件向き
ご出席／ご来場／ご来訪／お越し・おいで（いただき）　※「ご参加」は、参に謙譲の意味があるので使用を控える。

祝賀会など儀礼的な用件向き
ご来駕／ご来臨／ご光来／ご尊来／ご臨席／ご光臨（の栄を賜り）

叙勲褒章祝いへのお礼

本人➡祝賀会出席者

謹啓　青葉の候、皆様にはいよいよご清祥のこととお喜び申し上げます。

私こと　春の褒章に際して図らずも黄綬褒章の栄に浴し、感謝の会を催したところ、ご多忙にもかかわらず⚠ご来臨賜り、さらにはごていねいなご祝詞とご芳志を賜り、厚く御礼を申し上げます。

このたびの栄誉は、ひとえに本日ご尊来くださいました皆様のご指導ご支援のおかげと、心より感謝いたしております。

今後は、この受章を励みにいっそう精進を重ね、業界の発展のために寄与するとともに、皆様のご芳情に報いてまいりたいと存じます。どうか、従前にましてのご指導をよろしくお願いいたします。

つきましては、ささやかながら内祝の品を用意いたしましたので、ご受納くださいますようお願い申し上げます。

末筆ながら、ご臨席賜りました皆様のますますのご発展とご健勝を心よりお祈り申し上げまして、御礼のごあいさつといたします。

謹白

ポイント

❶展覧会や競技会で賞を受けるのは「受賞」、勲章や褒章を受けるのは「受章」。字に注意！

❷周囲の方の指導や支援のおかげで受けたものと強調する。

❸業界の代表として受章したときは、業界全体への目配りを。

注意点

「ご来席」という言葉は造語

右ページにある「ご来臨」「ご臨席」が合体した言葉です。最近はよく目にしますが、本来の日本語表現にはなかった造語なのです。「臨」には、身分の高い人が低い者のところに出向く、という意味がありますが、「来」は単に来るということです。出席へのお礼を尊敬表現にしたいときは「臨」を使うのがよいでしょう。

長寿祝いへのお礼

本人の健康状態によっては家族が代筆を

長寿祝い（喜寿）へのお礼

本人⬇趣味の仲間

ポイント

❶お祝いの会を開いてもらったときは、それがいかに楽しかったかを中心に。
❷精神的な若さや気持ちのハリを強調。
❸さらに親しみを込めたいときは、頭語・結語を省いても。

拝啓　秋たけなわとなりましたが、皆さんおすこやかにお過ごしのことでしょうね。

　先日は、私のために喜寿祝いの会を開いてくださり、どうもありがとうございました。長寿の祝いだというのに年齢を忘れ、⇆**ほんとうに楽しいひとときでした。**八十歳近くにもなって、こんなに心はずむ誕生日を迎えることになろうとは、思いもしませんでした。これもひとえに、皆さんのお心遣いのおかげと、深く感謝しております。

　サークルの中では、たまたま私が最年長ですが、私自身は、皆さんのことを、気の合う仲間だと勝手に思い込んでおります。「喜寿前」と「喜寿後」に分かれてしまいましたが、これからも親しくおつきあいさせていただけると、たいへんうれしく存じます。

　では、また来月の例会で、皆様がたにお目にかかれるのを楽しみにしております。

敬具

⇆応用　祝いの会への感謝を表現する

▼思いがけずお祝いの席を設けていただき、驚くと同時にたいへん感激しました。
▼日ごろから親しくしている皆様にお祝いいただくのは、格別の喜びでした。
▼これからも皆さんと楽しく過ごせるよう心身を鍛えます。
▼また皆さんとともに、次の喜びの節目を迎えられることを願っております。

長寿祝い（傘寿）へのお礼

子（代筆）→親の知人

初めてお手紙をさし上げます。私は、岡本久子の長女で、母と同居しております加奈子と申します。

このたびは、母の傘寿にあたりまして、ごていねいなお祝いをご恵贈いただきまして、まことにありがとうございました。

突然の入院でご心配をおかけいたしましたが、おかげさまで術後は順調で、現在はリハビリをつづけております。思いがけず、高橋様よりお心のこもった贈り物をいただき、⇄**母もたいへん喜んでおり、すっかり気に入ったようすで、毎日使わせていただいております。**母とは、以前と同じように気持ちを交わすことはでき、傘寿の祝いも家族で行いました。よき節目を迎えたことを励みとして、また、高橋様のようなかけがえのないご友人がいることを心の支えとして、母も回復に向かってほしいと願っております。

このたびのお福分けといたしまして、内祝のしるしをお届け申し上げますので、ご笑納くださいませ。失礼とは存じましたが、母にかわりまして、心より御礼を申し上げます。

かしこ

ポイント
❶代筆者が相手と面識がないときは、最初に自己紹介する。
❷長寿を祝われた本人のようすや近況を必ず盛り込む。
❸本人が療養中のときは、病状を前向きな表現で伝える。

応用 本人のようすを伝える表現
▼たいへん懐かしがって、○○様との思い出の数々を話してくれました。
▼遠くに住む孫たちも、お祝いのために駆けつけてくれました。
▼心配には及びませんが、あいにく右手に軽いけがをしたため、かわりにお礼の手紙を書かせていただきます。
▼母から、くれぐれもよろしくとのことでございます。

一筆箋・カードに向くショートメッセージ

お礼の品物を渡すときなど、ひとこと添えるだけで心が伝わります

その節は、お心のこもったお祝いをいただきまして、ほんとうにありがとうございました。心ばかりの内祝いをお届けいたしますので、どうぞお納めください。

先日は、すてきなプレゼントをお贈りいただき、ありがとうございました。デパートの物産展で、珍しいお菓子を見かけましたので、お礼のしるしに少々お届けします。

いつもお心にかけていただき、ほんとうにうれしく、ありがたく思っております。ささやかですが、内祝いのしるしをお送りいたしますのでご笑納ください。

心身ともに健康で、祝いの節目を迎えられましたのも、皆様のおかげと深く感謝しております。これからも、どうぞよろしくお願いいたします。

＊＊祝いをありがとうございました。さすがセンスのいいセレクト、すっかり気に入って愛用しています。気持ちばかりのお礼ですが、どうぞお召し上がりください。

おしゃれな＊＊をありがとうございます！
さっそく使わせていただいています。また、みんなで楽しく集まれる日を願って、ひとことお礼まで。

PART 5

お世話になったお礼の手紙・はがき

お世話になったときのお礼のマナー

「ありがとう」と言われていやな気持ちになる人はいない

贈り物やお祝いをいただいた場合、お礼の手紙やメール、電話をするのは当然のことです。しかし、お世話になったお礼の場合は、

・お礼状を出すほうがよいだろうか

・お礼の金品を贈るほうがよいだろうか

・相手は仕事なのだからお礼は不要なのでは

・そもそもお礼を言うべきことなのか

など、いろいろな迷いが生じます。

ただ、「ありがとう」と言われて怒る人、お礼状をもらって迷惑だと思う人はいません。金品を贈るかどうかは別として、お礼の気持ちをあらわすことを惜しむのは寂しいことです。

相手に金銭や時間の負担をかけたときはお礼の金品を添える

お礼のしかたは、お世話になった経緯と、相手にかけた負担の度合いによって考えます。次のようなケースではお礼の金品を検討しましょう。

●相手が自分のために協力してくれたとき

就職・転職先の紹介／人物の紹介／保証人を引き受けてくれた／品物の借用　など

●相手が自分のために時間をさいてくれたとき

旅先で案内してもらった／子どもを預かってもらった　など

●相手に金銭的な負担をかけたとき

食事をごちそうになった／相手の家に泊めてもらった　など

現金は避け、品物で考えるのが原則

以前は、現金を贈るのは餞別と香典だけとされていました。どちらも「費用がかかるでしょうから足しにしてください」という現実的な扶助だったのです。現在は、結婚祝いをはじめ各種のお祝いに現金を贈ることが多く、また受けとる側にも歓迎されますが、本来は、品物を贈るのがならわしでした。「気持ち」を形にしたのが「品物」というわけです。

そのような流れを考えると、お世話になった人へ現金を贈るのは、味気ないものです。帰省時の宿泊や、妻の出産滞在などの際に、実家に現金を渡すことはありますが、そのほかの場合には現金は避けるのが基本です。数千円までなら菓子折などの食品、1万円以上なら商品券やカタログギフトなどを用いるのがよいでしょう。趣味性の強い品は、お礼品には向きません。

お世話になったものの、結果が思わしくなかったときもお礼を忘れずに

就職・転職先の紹介を受けたり、人物や取引先を紹介されたりしたものの、結果的にうまくいかないときもあります。紹介してくれた相手に対して伝えにくいことですが、こんなときこそ、きちんとお礼をしたいものです。結論が出た時点ですぐに報告し、後日あらためてお礼状とお礼品を贈るのがよいでしょう。

また、亡くなった家族が生前お世話になった病院、介護施設、ペットのかかりつけの動物病院などにも、お礼をするとていねいです。金品を受けとらない病院・施設もありますが、手紙は別です。ケア関係の仕事は、数字やデータで結果があらわれる職種ではないため、「感謝の手紙をもらうのがなによりうれしく、壁に貼り出して励みにしている」というところも多いのです。

書き出し（前文）

❶拝啓　❷おだやかな小春日和がつづいておりますが、
❸○○様にはますますご健勝のこととお喜び申し上げます。
❹さて、このたびの❺○○○（お世話になったこと）の件では、
❻ひとかたならぬお世話になりまして、まことにありがとう
ございました。
❼おかげさまで、その後順調に進んでおります。❽これも

❶ 頭語と結語

親しい相手へのお礼状では省いて、「このたびは（先日は）」とお礼の言葉から始めてもよいでしょう。

❷ 時候のあいさつ

❸ 安否のあいさつ

一般の手紙では、このあと「日ごろはお世話になり……」という感謝のあいさつがつづきますが、お世話になったお礼が手紙の目的なので、冒頭のあいさつでは省きます。

❹ 起こし言葉

❺ お世話になった件の特定

「このたびはありがとうございました」という漠然としたお礼では、相手がピンとこないときもあります。

❻ お世話になったお礼

❼ 経過や結果

お世話を受けたあと、どうなったかを伝えます。結論が出ていなくても、経過報告を兼ねて、相手が動いてくれたことに対してのお礼状を出します。

主文

ひとえに○○様のお力添えがあったからこそと、心より感謝いたしております。

⑨今後もなにかとお助けいただくことがあるかと存じますが、どうぞよろしくお願い申し上げます。

⑩なお、ささやかではございますが、お礼のしるしを同梱いたしますので、ご笑納くだされば幸いに存じます。

結び（末文）

⑪向寒の折でございますので、どうぞくれぐれもご自愛ください。

略儀ではございますが、書中をもちまして御礼申し上げます。⑫

敬①具

⑪ 相手の健康・活躍・幸福を祈る言葉

⑫ 用件をまとめる言葉

⑦⑧の部分を、お世話になった内容と現在の状況に合わせて調整すればOK

⑨ 今後につなげる言葉

⑩ お礼の品について

手紙とは別に送るときは「別便にてお送り申し上げますのでご笑納ください」とします。

⑧ 相手の力添えに対する具体的なお礼

お世話を受けたことが、いかにありがたかったか、どれほど助かったかという感謝の気持ちを伝えます。

就職でお世話になったお礼

子どもの就職でお世話になったお礼（内定の場合）

両親→知人

❶謹啓　❷桜花爛漫の候となりましたが、❸❹＊＊様にはご清栄にお過ごしのこととお喜び申し上げます。

さて、このたびは私どもの長男の就職のために❺ひとかたならぬお世話をいただきまして、まことにありがとうございました。先日、とり急ぎお電話にてご報告申し上げましたが、おかげさまでご紹介いただきました＊＊株式会社から内定の通知がございました。

これもひとえに、＊＊様のお力添えの賜物と深く感謝申し上げます。このうえは、ご恩に報いることができるよう精励する覚悟と、長男も申しております。どうぞ今後ともご指導ご助言のほど、よろしくお願い申し上げます。

❻後日あらためまして長男とともにごあいさつに伺いますが、まずは書中にて衷心より御礼を申し上げます。

❶敬　白

❶**頭語と結語**　あらたまったお礼には「謹啓」「敬白（謹言／謹白）」を用います。
❷**時候のあいさつ**　就職内定という、明るい喜びを表現する言葉を選びます。春なら「陽春」、夏なら「盛夏」、秋なら「爽秋」などがふさわしいでしょう。
❸**安否のあいさつ**　あらたまった手紙では「お元気ですか？」と問いかけず、「～のこととお喜び申し上げます」と、相手の健康を確信する表現にととのえます。
❹**感謝のあいさつ**　主文でお礼を述べるため、前文では感謝のあいさつは省きます。
❺**用件（内定の報告とお礼）**　お世話になったお礼状は、結果の報告→相手の協力や世話への感謝→今後に向けての言葉の順に書き進めると、まとまりがよくなります。
❻**結び**　「衷心より」は「心から」をていねいにした表現です。

転職でお世話になったお礼（不採用の場合）

本人→知人

拝啓　**時下ますますご清栄のことと存じます。**

このたびは、突然のお願いにもかかわらず、私の転職に際しまして＊＊社へのお口添えを賜り、まことにありがとうございました。

＊＊様のご紹介ということで、面接には応じていただけましたが、**残念ながら当方の力不足により、採用には至りませんでした。**

＊＊様のご厚情に報いることができず、たいへん申しわけなく存じております。

今後は、違う分野の仕事にも目を向け、求職活動を継続してまいる所存です。どうか今後とも変わらぬご指導をよろしくお願いいたします。

感謝のしるしまで、ささやかな品をお送りいたしますので、ご受納くださいますようお願い申し上げます。

本来ならば参上してごあいさついたすべきところ、略儀ながら書中にて御礼を申し上げます。

敬具

メモ　季節を問わずに使える「時下ますます……」

「時下」は「このごろ」という意味です。季節を問わずに使える、便利な時候のあいさつですが、やや事務的な印象を与えます。プライベートな手紙には、季節に応じた表現を用いるのが基本ですが、上の文例のように、書きにくい内容の場合は、美しい季節のあいさつよりも、事務的な表現のほうがふさわしいものです。

マナー　頼みごとが不首尾に終わったときにも必ずお礼を

うまくいかなかったときこそ迅速に報告し、感謝を伝えましょう。理由は「私の力不足」とするのが原則ですが、スケジュールや費用の折り合いがつかなかったなど事務的な理由なら、そのまま伝えてかまいません。

就職でお世話になったお礼（採用の場合）

本人↓親の知人

拝啓　盛夏の候となりましたが、遠藤様にはご健勝のこととお喜び申し上げます。

さて、このたびは私の就職のために、ひとかたならぬお力添えをいただき、ほんとうにありがとうございました。過日ご報告申し上げましたように面接も無事にすみまして、本日、採用内定の通知をいただきました。厳しい情勢の中で、熱望していた研究部門の仕事につけることになり、感激でいっぱいです。これもひとえに遠藤様のおかげと、心より感謝いたしております。

今後は、遠藤様のご期待に添えるよう、⚠**またご紹介いただきましたご恩に報いるよう**、誠心誠意仕事に打ち込む覚悟でおります。

どうか、今後ともいっそうのご指導ご鞭撻のほどをよろしくお願い申し上げます。父からも、くれぐれもよろしくお礼をとのことでございます。

近日中に、あらためてごあいさつに伺う所存でございますが、まずは書中にてご報告と御礼を申し上げます。

敬具

ポイント

❶就職の世話をお願いしたときは、依頼を引き受けてくれたお礼→経過報告（面接をしたなど）→結果（内定）の報告と、お礼、とまめな連絡が必要。

❷相手がいたからこそうまくいったという点を強調する。

❸用件と相手によっては、お礼状だけでなく、後日あらためて直接お礼に伺う。

注意点

×「ご迷惑をかけぬよう」
○「ご期待に添えるよう」

今後の決意を述べる際には、「ご迷惑をかけないように」「お名前を汚さないように」などの否定形ではなく「ご期待に添えるよう」「ご恩に報いるよう」という肯定形を使うほうが、前向きで力強い印象を与えます。

就職でお世話になったお礼（不採用の場合）

本人↓先輩

拝啓　朝夕はいくぶん過ごしやすくなってまいりました。

中村様にはお元気でご活躍のことと存じます。

先日は、突然のお願いにもかかわらず、またご多忙の中、私のためにお時間をさいていただき、まことにありがとうございました。貴重なご助言をいただき、心より感謝いたしております。

中村様のような先輩といっしょに仕事ができればと、入社を切望しておりましたが、⇆**私の力不足によりまして、**残念ながら不採用となりました。よい結果をご報告することができず、心苦しく存じております。

正直申し上げて、ショックは大きいのですが、ご指導、ご教示いただきましたことは、今後の就職活動に生かしてまいりたいと存じます。どうぞ今後ともよろしくお願い申し上げます。

末筆ではございますが、中村様のますますのご多幸をお祈り申し上げます。

まずは、書中にてお礼とご報告を申し上げます。

敬具

ポイント

❶ OB訪問などで助言を受けた先輩へもお礼と報告を。

❷ 不採用、不首尾のときこそ迅速な報告とお礼が必要。

❸ 後日、就職先が決まったらあらためて報告するとていねい。

応用 ⇆ 不採用・不首尾の理由は謙虚な表現で

▼ご尽力いただいたにもかかわらず、私の力不足で、今回は不採用となりました。

▼せっかくご紹介をいただきましたのに、私の実力が至らないばかりに、ご期待に添うことができませんでした。

▼いままでの勉強と準備が不足していたことを反省しております。

▼ご厚意に応えることができず、申しわけありません。

ビジネスでお世話になったお礼

新規取引先紹介のお礼

本人⇒仕事関係者

⇆拝啓　晩秋の候、貴社ますますご隆昌のこととお喜び申し上げます。

平素は格別のご高配を賜り、心より御礼を申し上げます。

さて、先日は突然のお願いにもかかわらず、○○株式会社様との新規お取引の件でお力添えを賜りましたこと、まことにありがとうございました。さっそく先方の営業部長である村田様をお訪ねしましたが、ごていねいに川島部長からお電話をしていただいた由、あたたかいご配慮に恐縮しております。

先様も、川島部長の仲介なら安心だと快くご引見くださいました。川島部長のご人望の篤さをあらためて思い知った次第でございます。

現在、取引条件を交渉中でございますが、ご厚意に報いるためにも、一日も早く正式契約に到達させる所存でございます。

どうか今後も引きつづきご指導お引き立てのほどをよろしくお願い申し上げます。まずはご報告かたがた御礼まで。

敬　具

ポイント

❶正式な結論が出ていなくても、進展があった段階で報告を兼ねたお礼を。
❷日ごろからつきあいのある相手にはメールでの連絡でもかまわない。
❸誠実に対応していることを報告すると相手も安心する。

応用

メールでお礼をするときは

メールでは「拝啓」「敬具」、時候のあいさつは省くのが一般的です。あらたまった用件と相手の場合は「平素は格別の……」という感謝のあいさつから始めます。日常的にメールのやりとりをしている相手なら「いつもたいへんお世話になっております」でOK。

出張先でお世話になったお礼

本人→取引先

昨日、無事に帰京いたしました。

このたびは、お忙しい中、お時間をさいていただき、まことにありがとうございました。おかげさまで、たいへん有意義な打ち合わせができましたこと、心より御礼を申し上げます。

また、⇆**ご案内いただいた販売店で、地域によって消費者のニーズが違うことを目の当たりにできたのは、**たいへんよい経験になりました。やはり、たいせつなのは現場だと再認識した次第です。ぜひとも、この視点を今後の商品開発に生かしてまいりたいと存じます。

さらに、終了後には、ごていねいなおもてなしにあずかり、重ねて御礼を申し上げます。前田部長の含蓄に富んだお話にただ感服するばかりでしたが、私にとってはたいへん充実したひとときで、よい勉強をさせていただきました。

今後もなにかとお世話になることと存じますが、どうぞよろしくご指導のほどをお願いいたします。

まずは書中にて御礼を申し上げます。

ポイント

❶漢然と「お世話になった」だけではなく、どのようなお世話を受けて、どのようにありがたかったのかを具体的に。

❷直前に会った相手へは、時候や安否のあいさつを省いても。

❸「ごちそうになった」では直接的すぎるので「おもてなしにあずかり」とする。

応用 具体的な事例をあげてのお礼表現

▼事前の折衝をすませてくださっていたため、たいへん効率的に動くことができました。

▼皆様のご案内のおかげで、スムーズに拠点を回ることができました。

▼順調に商談が進みましたのも、皆様の的確な準備のおかげと感謝しております。

接待を受けたお礼

本人⬇取引先

拝啓　昨晩の雨で、残暑も一段落したような気がいたします。

　このたびは、お招きいただき、まことにありがとうございました。また、送迎に至るまで、こまやかなお心遣いをいただき、重ねて御礼を申し上げます。

　昨日の○○（店名）は初めて伺いましたが、なかなか予約のとれない人気店と聞いております。いずれのお料理も、評判にたがわぬすばらしい味で、存分に堪能させていただきました。店内の雰囲気もよく、さすが安西様が選んだ店と感服した次第です。

　貴業界の情勢を伺えたことも大きな収穫でした。長年お取引をさせていただいていても、知らないことが数多くあるということを、あらためて認識いたしました。超高齢化社会を迎えるにあたり、当業界でも問題が山積しています。今後も、情報交換を密にして、相互理解を深めさせていただきたいと存じますので、どうぞよろしくお願いいたします。


⇆まずは一筆御礼のみにて失礼をいたします。

敬具

ポイント

❶「接待」「ごちそう」などの直接的な表現は避ける。
❷印象に残った話題を具体的にあげながらお礼を述べる。
❸自分が上の立場で接待を受けた場合も「これからもお互いに情報交換を」と謙虚に。

応用
立場によって結びをアレンジ

▼次回は当方でセッティングしたいと存じますので、その節はよろしくお願いいたします。（相手と対等の場合）
▼今回はお言葉に甘えましたが、近いうちにお返しの席を設けたいと存じます。（次回はこちらが接待する場合）
▼今後とも親しくおつきあいのほどよろしくお願いいたします。（相手が目下の場合）

接待を受けていただいたお礼

本人→取引先

拝啓　早秋の青空が広がっております。

昨日は、お忙しい中、貴重なお時間をさいていただき、まことにありがとうございました。

仕事の場とはまた違った雰囲気の中で、楽しく食事をさせていただき、実に有意義なひとときでした。

いつものことながら、金田社長の⇆**見識あるお話**を拝聴しておりますと、時間がたつのを忘れてしまいます。特に昨晩は、貴社創業時の逸話なども伺うことができ、たいへん勉強になりました。時代が大きく変化する中で、着実に発展をつづけてきた貴社の経営哲学の一端にふれられたような思いです。遅くまでお引き留めしてしまい、お疲れが出たのではと恐縮しております。

今後も引きつづきご厚誼を賜りますとともに、折にふれてのご指導のほど、どうぞよろしくお願い申し上げます。

略儀ではございますが、まずは書中にて御礼を申し上げます。

敬具

ポイント

❶忙しい相手が応じてくれた場合は、接待側からお礼状を。

❷面会・商談に応じてもらった場合にも使える文例。

❸食事は自分側が提供したものなのでほめる表現を控えめにし、相手の知識や見識を称賛する言葉を主体にする。

応用　相手の話の内容を称賛する表現

▼識見《しきけん》に富む○○様のお話を伺い、感服いたしました。

※識見（見識）とは、物事を正しく判断・評価する力。

▼○○様の博識には、いつも驚嘆してしまいます。

※博識とは、広く物事を知っていること。同様の意味の「物知り」は、目上に対しては失礼な表現なので避ける。

本人⬇取引先

退職して故郷にUターンするときのお礼

拝啓　深緑の候となりましたが、高木様にはご清祥にお過ごしのこととお喜び申し上げます。

⇆さて、私こと突然ではございますが、五月末日をもちまして○○株式会社を退社することになりました。三年前より貴社を担当させていただきましたが、昨年ごいっしょしたイベントをはじめ、高木様にはひとかたならぬご指導ご支援をいただき、心より御礼を申し上げます。

今後は、後任の富井という者が担当させていただきます。後日、あらためて本人からごあいさつさせていただきますが、従前にましてのお引き立てをどうぞよろしくお願い申し上げます。

なお、当方に関しましては、六月より故郷の熊本県に戻りまして、実家が営む店で修業することとなりました。

これまでのご厚誼に心より感謝しつつ、略儀ながら書中をもちましてごあいさつ申し上げます。

敬具

ポイント

❶退職の報告→後任について→自分の今後の順に書く。

❷家業を「継ぐ」ではなく「修業する」「携わる」が好印象。

❸家庭の事情は理解を得やすいのでそのまま書いてOK。

⇆応用 **はがきに印刷する場合は**

「私こと」のあとを、「五月末日をもって○○株式会社を円満退社し、故郷○○に戻り、家業に携わることになりました。在勤中は公私にわたり格別のご高配を賜り、心より御礼を申し上げます。今後ともご指導ご鞭撻のほどをよろしくお願いいたします」とすれば、広範囲に対応できます。

転職するときのお礼

本人➡知人

拝啓　紅葉の候、ますますご清栄のこととお喜び申し上げます。
さて、私儀、❤十月末日をもちまして○○株式会社を円満退社し、株式会社□□に勤務することになりました。
○○株式会社在勤中は、公私ともに格別のご高配を賜り、心より感謝いたしております。学ぶところの多い仕事と、あたたかい上司同僚に恵まれ、充実した十年でございました。
新しい環境におきましても、これまでの経験を生かし、社業発展のために寄与したいと願っております。

なにとぞ、従前と変わらぬご指導ご支援を賜りますよう、心からお願い申し上げます。

末筆ながら皆様のご多幸をお祈りし、書中をもちまして御礼かたがたごあいさつを申し上げます。

敬具

（自宅住所・名前）

（新勤務先社名・所在地など）

ポイント
❶あいさつ状準備のほか、仕事の引き継ぎや、取引先へのあいさつを怠りなく。
❷前の会社への感謝の念を主体に文章をまとめる。
❸退社後2週間以内をめどにあいさつ状を発送する。

マナー
取引先へのあいさつは遅くても退職の1週間前に

近年は、急な退職がふえているという事情もあり、退職のあいさつを手軽なメールですませることも珍しくありません。しかし、取引先へは、退職が決まったら口頭で伝え、遅くとも退職日の1週間前までには、後任者の名前と、自分の新しい連絡先を添えてあいさつするという時間的な余裕がほしいものです。

定年退職するときのお礼

本人→知人

ポイント
❶儀礼的な文書は、句読点を用いないことが多い。
❷退職後の予定や意気込みを簡潔に書く。
❸退職後2週間以内をめどに発送する。

拝啓　清秋の候　ますますご健勝のこととお喜び申し上げます
　さて　私ことこのたび　九月末日をもちまして○○株式会社を定年退職いたしました　四十二年の長きにわたり　皆様には公私ともにひとかたならぬご厚情を賜り　まことにありがとうございました　おかげをもちまして大過なく今日まで職責をまっとうすることができました
　今後は　しばらく休養したのち　時期を見まして社会に恩返しができるようなボランティア活動に従事したいと考えております
なにとぞ今後とも変わらぬご指導ご厚誼を賜りますよう　よろしくお願い申し上げます
　末筆ながら皆様のご健勝とご多幸をお祈り申し上げまして「卒業」のごあいさつとさせていただきます

敬具

令和○年十月吉日

（自宅住所・名前）

メモ　儀礼文に句読点をつけない理由は

句読点は、明治時代に使われるようになった「子どものために文章を読みやすくする記号」です。常識ある大人に対して、子ども用の記号を使うのは失礼という理由で、冠婚葬祭やあいさつ状などの儀礼文書には、句読点を使わないのが慣例になっています。しかし、手書きの手紙では、儀礼的な内容でも句読点をつけるほうが読みやすいものです。

定年退職する人へのお礼

本人➡退職者

とうとう、山口さんのご卒業の日がやってきてしまいました。

お元気でこの日を迎えられましたことを、お喜び申し上げます。

山口さんには、長年にわたり、熱心なご指導をいただき、まことにありがとうございました。

思い起こせば、建設業界の右も左もわからなかった私に、ときには厳しく、ときにはあたたかい励ましの言葉をかけてくださいました。できの悪い部下を辛抱強く見守り、そして育ててくださった山口さんには、ほんとうに言葉であらわせないほど感謝しております。

山口さんがいらっしゃらなければ、私はとうの昔にこの道をあきらめてしまっていたでしょう。このご恩は、一生忘れません。

これからも、山口さんに教えていただいたことを反芻しながら、ご期待に添えるように仕事に励んでまいります。

長い間、ほんとうにお疲れ様でした。

正直申し上げると、寂しく不安な気持ちもありますが、山口さんの今後のご健康と、ご多幸を心よりお祈り申し上げます。

ポイント

❶退職する人にお礼状を書くことは必須ではないが、それだけに受けとる側はうれしい。

❷手紙の形式にこだわらず、語りかけるように書くほうが、気持ちは伝わる。

❸上司に対しては指導の感謝を、立場が近いならねぎらいの言葉を主体に。

メモ

「後進のために役立てた」と感じてもらおう

退職者が、いちばんうれしいのは部下や後輩から「あなたがいたから私は成長できた」「あなたがいなければ、つづけられなかった」など、オンリーワンの存在だったと言われることです。お礼状を書くときはこの点を意識して強調しましょう。

お礼のマナー
基本ひな型
就職関係のお礼
ビジネス上のお礼
おもてなしへのお礼
相手の好意へのお礼
家族にかかわってお礼
お世話になったお礼

おもてなしを受けたお礼

「次は私が」と将来につなげる言葉で結びます

オールマイティ文例

本人→知人

このたびは、たいへんお世話になりましてありがとうございました。おかげさまで、たいへん楽しいひとときを過ごすことができました。

次回は当方で行わせてください。

ささやかではございますが、お礼の品をお送りいたしますのでお納めください。

まずは書中にてお礼を申し上げます。

メモ

用件を問わずに使えるひな型です。お礼→相手への感謝→将来につなげる言葉（「次は私が」）→お礼の品について、の順に構成します。あらたまった用件・相手の場合は頭語と時候のあいさつから始めます。

相手の家に招かれたお礼

本人→友人

昨日はお招きいただきありがとうございました。炭火を囲んで、おおぜいで食べると、なぜあんなにも楽しいのでしょうね。

絶妙の手さばきで食材を焼いてくださっただんな様、行き届いたおもてなしをしてくださった真理さん、⇆**息がぴったり合っていて、まさに理想のご夫婦でした。**

こんどは、わが家にもぜひ遊びにいらしてくださいませ。

また近いうちにお目にかかれるのを楽しみにしております。

まずはとり急ぎひとことお礼まで。

応用

＊心地よくて、すっかり長居してしまい申しわけありません。＊ご準備やあと片づけがたいへんだったことでしょう。

会食後のお礼

本人→知人

このたびは、貴重なお時間をさいていただいたばかりか、すっかりごちそうになってしまいまして、ほんとうにありがとうございました。

おいしいお食事を堪能し、また業界の有意義なお話を伺うことができまして、たいへん勉強になりました。重ねて御礼を申し上げます。

次回は、当方が⚠**一席設けようと思いますので、**おつきあいのほどよろしくお願いいたします。

まずは書中にて御礼申し上げます。

注意点

「おごる」は目下の人にふるまうことなので「おごらせてください」という表現は失礼。「おごっていただき」とお礼するのも品格に欠けるので、手紙文ではＮＧです。

旅先でお世話になったお礼

本人→友人

先日はお忙しい中、いろいろごていねいに教えていただき、まことにありがとうございました。

ご紹介いただいた「＊＊」というおすし屋さんで食事をしましたが、おっしゃるとおり、コストパフォーマンスがよく、存分に楽しむことができました。📝**地元のかたならではの得がたい情報の数々、ほんとうに助かりました。**

おかげさまで、充実した旅行になりました。こちらへお出かけの節は、ご恩返しをさせていただきたいので、ぜひご連絡くださいませ。まずは一筆お礼のみにて。

メモ

どのように助けられたか、具体的に書きます。情報提供を受けただけなら、謝意を伝えるだけ（返礼品は不要）でＯＫです。

ごちそうになったお礼

本人⬇先輩

昨日は、お忙しい中、私のためにお時間を作っていただきまして、ありがとうございました。

素材の味が生きたお料理の数々を、存分に楽しみました。グルメな早織さんのセレクトらしい、すてきなお店でしたね。

久しぶりにお会いしたいとご連絡したのは私のほうでしたのに、お店の予約をおまかせしたばかりか、すっかりごちそうになってしまい、申しわけなく思っています。

先輩とお話ししていると、よい刺激を受けてたいへん勉強になりますし、自分が前向きな気持ちになるのがわかります。私にとって早織さんは、ほんとうにかけがえのない先輩です。

これからもいろいろ教えていただきたいので、次回はぜひ私に**「授業料」を持たせてくださいね。**

また近いうちに、ご連絡をさせていただきます。これから寒さに向かいますので、どうぞくれぐれもご自愛くださいませ。

もう一度、ほんとうにありがとうございました。

ポイント

❶ **親しい相手には「ありがとう」で始め、再度「ありがとう」と繰り返して結ぶ方法も。**

❷ **料理の味や雰囲気がよかったことを具体的な表現で伝える。**

❸ **「高かったでしょう」など値段のことを書くのは控える。**

メモ

目上の人に「おごります」はNG

「おごります」あるいは「ごちそうします」は「上から目線」を感じさせる表現なので避けます。

目上の人には「いつもごちそうになってばかりなので（〇〇の件のお礼をしたいので）、次回は私に持たせてください」「次は、私が席を設けさせていただきます」などとするのが、上品な表現です。

旅先でもてなしを受けたお礼

本人⬇知人・友人

このたびの旅行中は、たいへんお世話になりまして、ほんとうにありがとうございました。昨晩、無事に帰宅いたしました。

久々にお目にかかって、ゆっくりお話しすることができ、たいへん楽しいひとときを過ごすことができました。

御地でおすすめのお店を教えていただこうと、軽い気持ちで連絡させていただきましたのに、ごていねいなご案内をいただいたばかりか、すっかりごちそうになってしまい、身の縮む思いをしております。ただ、旅行者ではなかなか訪れることのできない名店を経験できましたことは、今回の旅のいちばんの思い出となりました。

小田様は、最近、日本酒がお好きと伺いましたので、当地の蔵元の品を、ささやかなお礼のしるしにお送り申し上げます。**手前みそになりますが、○○川の伏流水で仕込んだ寒造りで、地元ではなかなか評判がよいようです。**

今度は、ご家族でこちらにもお出かけください。また近々お目にかかれるのを楽しみに、まずは一筆御礼申し上げます。

ポイント

❶ **地元の人ならではの案内や店選びの心づかいのおかげで、旅がいかに楽しかったかという喜びと感謝を主体に。**

❷ **地元の名産品については、さりげないPRを添える。**

❸ **「次はこちらへ」と、今後につなげる言葉で結ぶ。**

メモ

親しい人へは「つまらないものですが」以外の表現を

お礼の品などを贈るときの決まり文句に「つまらないものですが」があります。しかし、親しい相手に対して過度な謙遜は不似合いです。「こういう点が地元では人気です」「私の好物で、お口に合えばうれしいのですが」など、自分が気に入ったものを贈るという表現のほうが好まれるものです。

自宅に招待されたお礼

夫婦連名➡友人夫妻

昨日は、家族でお招きいただき、ありがとうございました。

ご新居を拝見するだけでおいとまするつもりでしたのに、思いがけず奥様のお心のこもった手料理まで頂戴してしまい、恐縮しております。

どのお料理もおいしくいただきましたが、ご主人の自慢の一品という絶妙な火の通りのローストビーフと、お嬢様がお手伝いなさったというキッシュは、特に絶品でした。⇆**ご家族様の仲のよさが、そのままあらわれているようで、到底まねのできない味わいでした。**

そのうえ、お言葉に甘えてあと片づけもお手伝いせずに失礼し、お疲れが出たのではないかと案じております。

次回は、わが家にもぜひいらしてください。古い家で、料理の腕にも自信はありませんが、気候がよくなってきましたので、庭でバーベキューなどいかがでしょうか。

後日、あらためてお誘いのご連絡をいたします。

本日は、すばらしいおもてなしに感謝しつつ、まずはお礼のみにて。

ポイント

❶料理やインテリア、会話、雰囲気など、印象に残った点を具体的にあげて感想を書く。
❷料理や酒などの「モノ」だけでなく、おもてなしの「心」に感謝することを忘れずに。
❸準備やあと片づけなど、前後の手間や苦労も思いやって。

応用

おもてなしの気持ちをたたえる表現

▼子どもにも、あたたかい心配りをしていただき、そのおやさしさに感じ入りました。
▼皆様との語らいが楽しくて、つい時間を忘れ、長居してしまいました。
▼○○様のような行き届いたおもてなしはできませんが、拙宅にもぜひ遊びにいらしてください。

観劇に招待されたお礼

本人→甥夫婦

雅人さん、恵さん、このたびはお芝居へのご招待をありがとうございました。

昨晩、姉と妹との「熟女軍団」で、○○座に行ってまいりました。姉妹そろって出かけるなんて、めったにないことで、若いころに戻ったように大はしゃぎ。「何を着て行く？」とウキウキしながら悩むのも久しぶりのことで、結局三人とも和服を着て繰り出しました。

お席がまたとてもいいところで、俳優さんたちの表情もはっきり見えましたし、迫力ある演技を存分に堪能することができました。人気の舞台だけに、ご手配がたいへんだったのではないでしょうか。

知子姉さんだけでなく、私や妹のことまで、いつもお心にかけてくださり、ほんとうにありがたいことと思っています。

恵さんのこまやかなご配慮にふれるたびに、雅人さんは幸せ者だなとつくづく思います。私も、娘たちに「少しは恵さんを見習いなさい」と言っているほどです。

やさしいお心遣いへの感謝を込めて、まずはお礼まで。

ポイント

❶相手が年下の場合は、親しみを込めて、会話体など少しくだけた表現を使っても。

❷観劇や旅行に招待された場合、相手が同行していないときは、席や舞台の内容、部屋、料理などについて、報告を兼ねて具体的にお礼を述べる。

❸金銭的な負担への恐縮より「気持ち」への感謝を主体に。

メモ

親戚へのお礼は血縁者より配偶者を優先

文例は、血縁者の甥とその妻あてのもの。仮に、甥がもてなしを計画したのだとしても、お礼は、配偶者である妻に向けるつもりで書きます。相手の配偶者を称賛することは、相手を直接ほめるよりずっと効果的です。

協力や寄付へのお礼

きちんと報告することで相手の信頼感が高まります

👤本人（呼びかけ人）⬇協力者👥

寄付、カンパなどへのお礼

拝啓　時下ますますご清祥のことと存じます。
先日、○○地震で大きな被害を受けた同期の高田栄作君への義援金協力のお願いをさし上げましたところ、短期間にもかかわらず、三十四人の有志の皆様から、総額五十二万円ものご厚意が寄せられました。皆様のご友情とご芳志を、ほんとうにありがたく思っております。
○月○日、高田君を訪ね、皆様のお気持ちを直接お届けしてきました。かねてご案内のように、**個人名を記すと、高田君に気を遣わせてしまうため、「三年一組有志一同」名義にしております。**
地震直後は車上で生活していた高田君一家ですが、現在は自宅に戻り、マンションの復旧工事も始まっているとのことです。

高田君は多くの皆様からのご厚意に驚いたようすでしたが、「あたたかいお気持ちを有効に使わせていただきます」との伝言を受けています。

以上、簡単ですがご報告とお礼とさせていただきます。

敬具

ポイント

❶何人からいくら集まり、いつどこで渡したのかという5W1Hを明確に。
❷復旧の状況を具体的に伝える。募集締め切りから1カ月以内には、協力者への報告とお礼ができるように進行する。

メモ

友人間では、匿名にする心配りを

寄付賛同者を明記して義援金を贈ると「協力した人、しない人」が明確にわかってしまいます。また、災害見舞いには返礼は必要ないとされていますが、個人名がわかれば一人一人にお礼をという気持ちにもなり、被害を受けた人に負担をかけてしまいます。「有志一同」など個々の名前は伏せる形がよいでしょう。

基本的な文例

本人→協力者

拝啓　＊＊の候、ますますご清祥にお過ごしのことと存じます。

先日の＊＊の際には、お忙しいところお力添えを賜り、まことにありがとうございました。**おかげさまで、来場者にもたいへん喜ばれ、盛会のうちに終了することができました。**これもひとえに皆様がたのご協力のたまものと深く感謝する次第です。

今後とも変わらぬご支援のほど、どうぞよろしくお願いいたします。まずは略儀ながら書中にて御礼申し上げます。

敬具

メモ

協力者が多数いるときは、用紙かはがきに印刷してもＯＫですが、無事に終了した報告を兼ねてお礼状は出したいものです。

寄付・カンパへのお礼

代表者→協力者

このたびは、病院ボランティアの会＊＊の活動にご理解をいただき、多大なご寄付をちょうだいいたしましたこと、まことにありがたく厚く御礼を申し上げます。

本田様からのあたたかいお気持ちは、**小児科病棟患者のための紙芝居舞台購入費にあてさせていただきました。**舞台使用中の写真を同封いたしますのでご高覧ください。

まことに略儀ではございますが、書中をもちまして御礼を申し上げます。

メモ

寄付金の場合は使途を、「＊＊のために」と目的があって寄付を募ったときは（口数や人数と）総額を明確に記載します。

急病・事故などでお世話になったお礼

本人➡助けてくれた人

前略　突然のお手紙で失礼いたします。

○月○日深夜、ＪＲ○○駅前で久保様に助けていただいた星野と申します。

その節は、たいへんお世話になりまして、ありがとうございました。運ばれた病院で聞いた話では、久保様の迅速な１１９番通報と、救急車到着までの適切な処置のおかげで、重篤な状態にならずにすんだとのことです。

深夜で人通りも少なくなっておりましたので、もし久保様が通りかかっていなければ、声をかけてくださらなければ、と思いますと空恐ろしくなります。

幸いにも、その後の経過は順調で、後遺症もなく、昨日無事に退院いたしました。

久保様への感謝の気持ちを込めまして、**ささやかな品をお送りいたしますので、**ご受納くださいますようお願い申し上げます。

ご報告かたがた、心より御礼を申し上げます。

草々

ポイント

❶**面識のない人には、突然手紙を送る失礼をわび、自己紹介から書き始める。**

❷**相手の行為のすばらしさを具体的に述べる。**

❸**その後の経過も簡単に説明すると相手も安心する。**

メモ

相手が団体なら寄付で謝意をあらわす方法も

助けてくれた人が、名前を告げずに立ち去るケースもあります。また、救助者の組織がわかっていても、個人情報保護の点などから個人名を教えてもらえないこともあります。

相手が所属する組織がわかるなら、組織あてにお礼状を書いたり、寄付を行ったりすることで感謝の気持ちをあらわすのも一つの方法です。

借りたものを返すときのお礼

相手の好意への感謝を主体に書きます

着がえを借りた幼稚園へ

親⬇先生

昨日は、娘が粗相をいたしまして備品の下着に着がえさせていただいたとのこと、お手数をおかけして申しわけありません。洗濯してご返却するとともに、**買いおきの品の寄付をさせていただきます。**よろしければ園のためにお使いくださいませ。

マナー
新品を添えることは必須ではありません。

借りたDVDを返すとき

本人⬇友人

ありがとう！　やはりこの監督の作品は見ごたえがあります。次の会は、あいにく欠席のため**お送りします。**まずはお礼まで。

マナー
少額でもお礼品を同梱するのが基本です。

返すのが遅れたとき

本人⬇恩師

拝啓　本年も残すところわずかとなりましたが、先生にはご健勝のこととお喜び申し上げます。

先日は、貴重なお写真を快くご貸与くださいまして、まことにありがとうございました。おかげさまで、たいへん説得力のある資料を作成することができました。私の力不足で進行が遅れ、ご返却が遅くなりましたことをおわび申し上げます。

ほんの心ばかりですが、お礼のしるしをお送りいたしますので、**ご笑味いただければ幸いです。**まずはお礼まで。

敬　具

注意点
「笑味」は、食べ物を贈るときの謙遜表現。相手に対して「賞味」と書くのは誤りです。

家族がお世話になったお礼

病院や施設への金品は事前に確認を

子どもを預かってもらったお礼

子どもの母親⬇近所の知人

昨日は、突然のお願いにもかかわらず、快く朱里を預かってくださいまして、ほんとうに助かりました。急な所用で出かけなくてはならなくなったものの、小さい子どもを連れていけるような場所でもなく、困り果てておりました。⇆ご迷惑をおかけすることを重々承知で、思いきってお願いしてしまいましたが、出先で「なんて厚かましいことを」と悔やんでおりました。帰宅したときに、岡田さんが「いい子にしていたわよ、またいつでもどうぞ」とあたたかく迎えてくださり、どれだけ救われたか、わかりません。

ご近所に岡田さんのように信頼できる方がいらして、私は幸せ者です。岡田さんも、私でお役に立てるようなことがあれば、いつでも、なんでもおっしゃってくださいませ。

気持ちばかりの品ですが、ご親切へのお礼のしるしです。

ほんとうにありがとうございました。

堀井

ポイント

❶交互に預け合い、「返礼品なし」の約束をしている場合以外は、そのつどお礼の品を。

❷どれほど助かったか、うれしかったのかを率直につづる。

❸「次は私が」と申し出るのを忘れない。

応用

子どもを預かる相手の負担を思いやる表現

▼まだ手のかかる年齢なので、いろいろごめんどうをおかけしたのではないかと思います。

▼お言葉に甘えて、食事までごちそうしていただき、恐縮しております。

▼わがままな子ですので、ご迷惑をおかけしたのではないかと案じております。

習いごとをやめるときのお礼

子どもの母親➡習いごとの先生

向暑の候となりましたが、先生にはご清祥にお過ごしのこととお喜び申し上げます。

さて、先日、娘からもご相談させていただきましたが、❤六月いっぱいで、**いったんレッスンを休止させていただきたいと存じます。**

ようやく音楽の奥深さがわかりかけてきたところですので、親としても残念です。ただ、来春には受験が控えておりますため、親子で話し合い、いまは勉学に集中しようということになりました。

先生には、親指だけの「ドのおけいこ」の段階から、やさしく熱心にご指導いただき、ほんとうに感謝しております。

いずれ、ピアノを再開したいと考えるときもあろうかと存じます。その節は、またどうぞよろしくお願いいたします。

ささやかですが、これまでのご指導へのお礼の気持ちを別便にてお送りいたしましたので、ご笑納くだされば幸いです。

先生のますますのご健勝と、教室のさらなるご発展をお祈り申し上げまして、まずは御礼を申し上げます。

かしこ

ポイント

❶「やめる」という表現はきついので「いったん休止」などソフトな印象の言葉を使う。

❷個人レッスンの場合は、相手が気を悪くしないよう、相応の理由を説明する。

❸今後の人間関係に悪影響を与えないようていねいに。

マナー

当日「やめます」とフェイドアウト退散はNG

習いごとをやめるのは言い出しにくく、「きょうでやめます」といきなり宣言したり、黙って行かなくなったりする「フェイドアウト」も、現実には多いものです。しかし、本来はやめると決心したら早めに伝えるのがマナーです。心ある講師なら、残りの回数を有益に使うプランを考えてくれるはずです。

郷里の親がお世話になったお礼

息子・娘→親の知人

初めてお便りをさし上げます。

日ごろは、母がたいへんお世話になりまして、心より御礼を申し上げます。当方は、仕事の関係で東京におりますために行き届かず、皆様のお力添えを、まことにありがたいことと感謝し、また恐縮してもおります。

御礼のしるしに、当地の粗菓を少々お送りいたしますので、ご笑納ください。

年末には帰省する予定ですので、あらためて御礼のごあいさつに伺いたいと存じます。

まずは書中にて御礼申し上げます。

注意点

相手と面識がない場合は、封書の差出人のところに「自分の名（親の名・長男など続柄）」とただし書きをしておくとよいでしょう。

急病の親の救助者へ

息子・娘→親のご近所

このたびは母がひとかたならぬお世話になりまして、心より御礼を申し上げます。

後日、状態の落ち着いた母に聞いたところ、救急車の手配や持ち物の用意もしてくださったそうですね。**もし小林様がいらっしゃらなかったら、と思うと、感謝してもしきれない気持ちでおります。**直後は気が動転しており、お礼の言葉も尽くせませんでしたこと、おわび申し上げます。

本日はささやかな感謝のしるしをお送り申し上げます。どうかご受納くださいますようお願い申し上げます。

ご親切に深謝し、一筆御礼申し上げます。

マナー

高齢の親が独居しているときは、平常時から近隣にあいさつし「何かあったら」と自分の連絡先を知らせておくと安心です。

ペットがお世話になった動物病院へのお礼

本人（飼い主）➡獣医・動物看護師

高橋動物病院の皆様へ

突然のご連絡を失礼いたします。貴院でお世話になっておりました、トイプードルのチョコの飼い主、橋本です。

老犬とはいえ、元気に過ごしておりましたが、○月○日、静かに**「虹の橋」のたもとへ向かいました。**十八歳の誕生日まで、あとわずかという日の旅立ちでした。

高橋先生をはじめ、病院の皆様には、ほんとうにお世話になりましてありがとうございました。腸炎を起こした際に入院させていただいたり、ワクチン注射をいやがるチョコを抱きかかえて注射していただいたりと、適切な診療とお心のこもったケアを受けたことは、懐かしくもありがたい思い出になっています。

実は、貴院から処方された未使用の目薬とフードが残っております。ご都合を伺わず失礼とは存じますが、お送りいたします。なにかのお役に立てば、チョコもうれしく思うことでしょう。

これまでお世話になりました感謝を込めて、ご連絡申し上げます。

ポイント

❶ **報告とお礼は必須ではないが、かかりつけの動物病院などには連絡しておきたい。**

❷ **あまり感傷的にならず、報告モードの節度を保つ。**

❸ **物品の寄付の可否は、できれば事前に確認しておく。**

メモ

動物愛好家が癒される詩『虹の橋』（第一部）

原作者不詳の英詩。天国の手前には「虹の橋」があり、死んだ動物たちは橋のたもとで仲間と元気に遊んでいる。やがて月日がめぐり、飼い主を見つけた動物は喜び勇んで駆け寄り、いっしょに虹の橋を渡っていく――という内容から、動物の死の言いかえとして「虹の橋のたもとへ向かう」の表現を使うことがあります。

一筆箋・カードに向くショートメッセージ

感謝の気持ちを主体にし、「ささやかなお礼です」と結ぶとまとまりがよくなります

先日は、たいへんお世話になりまして、ありがとうございました。おかげさまで、その後順調に進んでおります。ささやかなお礼のしるしですが、どうぞお納めください。

昨晩は、ありがとうございました。すっかりごちそうになってしまい、恐縮しています。これからもいろいろ教えていただければうれしいです。まずは一筆お礼まで。

このたびは、お招きにあずかり、ありがとうございました。楽しく有意義なお話を伺い、大いに勉強させていただきました。今後ともどうぞよろしくお願いいたします。

長い間、拝借したままになっていまして、申しわけありません。お借りできてほんとうに助かりました。旬の果物をわずかばかりですがお礼がわりに同梱いたします。

昨日は、○○を預かっていただき、ありがとうございました。次回は私がお役に立てればと思いますので、なにかあったらお気軽にお声がけくださいね。

いつも母がお世話になりまして、ありがとうございます。日ごろの感謝を込めて、気持ちばかりの品をお届けいたします。皆様でお召し上がりくださいませ。

PART 6

書きにくい手紙

願いを聞き入れてもらうためのマナーとコツ

お祝いやお礼の手紙は「おめでとう」「ありがとう」という自分のメッセージを伝えるのが目的です。しかし、お願いの手紙は、頼みごとを相手に承諾してもらったり、返事をいただいたりする必要があります。そのためには、相手がリアクションしやすく、また承諾の返事や的確な答えをもらえるような書き方をすることが大事。そのために以下のようなコツをマスターしましょう。

1 3つの点を明確にする

❶冒頭で「お願いごと」だと明らかにする
事情を長々と説明したあとに「実は、お願いなのですが」では、相手はゲンナリします。

❷してほしい内容を具体的に書く
何を、いつまでに、と依頼内容をできるだけ具体的にまとめます。

❸相手に頼む事情をはっきりさせる
「あなたでなくては」という理由を示します。

2 ていねいな方法で伝える

人にものを伝える手段の「格」は、SNS（LINEやフェイスブックのメッセージなど）↓メール↓電話↓はがき↓封書の手紙の順に高くなります。SNSやメールで行ってよいのは、親しい人に向けての気軽な頼みだけです。あらたまったお願いの場合は、必ず手紙で行います。

また、相手と親しくても、お願いごとのときはていねいな言葉づかいを心がけましょう。

③ソフトな表現を使う

❶クッション言葉を加える

クッション言葉とは、相手に対する「衝撃」をやわらげるエアバッグのような表現のこと。

次の文例で、【 】内のクッション言葉がないと、相手を不快にさせてしまうことがあります。

【お手数ですが】資料をお送りくださいますか。

【恐れ入りますが】ご返答のほどよろしくお願いいたします。

【差し支えなければ】○月○日に伺います。

【(たいへん)恐縮ですが】ご協力をお願いいたします。

【勝手を申しますが】お聞き届けください。

【ごめんどうをおかけしますが】署名捺印のうえご返送くださいますようお願いいたします。

【お忙しいこととは存じますが】ご出席くださいますようお願い申し上げます。

❷文末を命令調から懇願調にチェンジ

「お願いします」だけでは、上から下に向けて命令しているような印象を与えます。次のようにアレンジすると印象が変わります。

△してください。
↓○していただけます(でしょう)か。
↓○していただけません(でしょう)か。

△お願いします。
↓○お願いできます(でしょう)か。
↓○お願いできません(でしょう)か。

お願いの手紙・基本ひな型

子どもの身元保証人を依頼する

本人→知人

書き出し（前文）

❶拝啓　❷＊＊の候、❸いよいよご隆昌のこととお喜び申し上げます。❹日ごろはご無沙汰ばかりしておりますのに、お願いごとのときだけご連絡するようで心苦しいのですが、本日は娘の就職の件でご相談申し上げたく、お手紙をさし上げます。

主文

❺実は、来春の＊＊株式会社への入社が内定しておりますが、都内在住の身元保証人一名を立てる必要があります。ご存じのように、当方の親類は当地に集中しており、東京在住者がおりません。

1 頭語と結語　2 時候のあいさつ

あらたまったお願いの場合は「拝啓　＊＊の候」という定型的な書き出しが無難です。

3 安否のあいさつ

4 感謝のあいさつ

お願いごとの場合は、前文の中で「依頼のための手紙」であることを明らかにしましょう。相手にまず用件を伝えるのがマナーであり誠意です。

結び（末文）

さらに保証人として社会的信用のある方となりますと＊＊様のほかには思い当たらず、お引き受けいただけないかと、厚かましくお願い申し上げる次第です。

親が申すのもはばかられますが、娘は堅実に育ち、万が一にもご迷惑をおかけするようなことはないと存じます。ご承引いただければ、娘が必要書類を持参して、お願いのごあいさつに参上する所存です。

❻**後日あらためましてご返答を伺うためにご連絡させていただきますが、**まずは書中にてお願い申し上げます。

敬❶
具

5 用件（お願いごとの内容）

- **何をお願いしたいのか（具体的に）**
- **なぜ相手に頼むのか**
- **承諾してくれた場合の手続きなど**

を順を追って説明します。文例のように身元保証人という役割なら迷惑をかけないと誓い、手間がかかりそうな依頼ならどの程度のことをしてほしいのかを具体的に記し、相手が「そういう事情なら私が引き受けよう」と思ってくれるように書きます。

6 結び

用件によっては「返事がほしい」ではなく、「お返事はこちらからあらためて伺う」とするのがていねいです。

頼みにくいお願いの手紙

低姿勢で窮状を訴えます

借用の依頼をする

本人➡知人・親戚

拝啓　春まだ浅き気候の日々がつづいておりますが、
＊＊様にはご清祥のこととお喜び申し上げます。
さて、突然のお願いで恐縮ですが、＊＊様ご所有のワンルームマンションを四月から⇆**お借りすることはできますでしょうか。**
実は、長女が＊＊大学に進学することが決まり、下宿先をさがしております。♥**御地の不動産業者に仲介してもらうことも考えましたが、**初めての一人暮らしでなにかと不安も多く、
＊＊様の管理下ならば安心だと思い立った次第でございます。
もし、ご貸与いただけるようであれば、賃料などのことも含め、詳細はあらためてご相談に伺いたく存じます。
どうぞよろしくご検討くださいますようお願い申し上げます。

敬具

⇆ 応用

借金を依頼するときの事情説明

「予定していた入金が遅れ、不足分＊＊万円をご用立ていただければと存じます。＊月中には入金されますので、必ず＊月末までには返済いたします」など、①やむをえない事情、②借りたい金額→③入金の見込み→④返済期日の順に説明します。

♥ マナー

自分なりに手は尽くしたことを説明する

借金なら金融業者、借用ならレンタルの利用が一般的になり、知人や親戚間での貸し借りが少なくなった時代です。業者などの利用も検討したうえで、なぜ相手に頼むのかを説明すると、依頼がスムーズに運びます。

高齢の親の世話を依頼する

本人➡夫の姉妹

突然のお手紙で驚かれたことと思います。実は、お母さんの件でどうしてもお願いしたいことがあり、ご連絡いたしました。

実は、来月上旬に里の父が、良性腫瘍の手術のため入院することになりました。ご存じのように、実母はすでに他界しており、きょうだいもおりませんので、術後、容体が安定するまで、私が近くにいられればと思っております。

つきましては、私が郷里に戻っております数日の間、お宅様でお母さんを預かっていただけないでしょうか。

お母さんも、家にだれかがいないと不安だとおっしゃっています。

手術の日程が決まりましたらまたご連絡いたします。

なにかとご多用の折とは存じますが、どうぞよろしくご検討くださいませ。

かしこ

マナー

電話やメールでの依頼より誠意と切実さが伝わる

親族間なら、わざわざ手紙をやりとりすることは少ないかもしれません。しかし、めったに受けとらない手紙だからこそ、用件の重要さが相手に伝わるものです。

注意点

「たまには介護の分担を」などの表現は反感を買う

介護する側が求めるのは「理解」「自分の時間」、そして「金銭」の3点に集約されるでしょう。しかし「わかってほしい」「時間がほしい」と権利を主張しては相手の気持ちがこじれることもあります。こういう事情で勝手なお願いですが、とソフトに切り出すほうがうまく事が運びます。

就職・転職に関するお願いの手紙

相手への信頼と尊敬を強調しながら書きます

就職の助言を依頼する

本人➡親の知人

初めてお便りをさし上げます。♥**父からもご連絡させていただいておりますが、**本日は、私の就職についてのお願いのためお手紙をさし上げます。

これまで＊＊業界で仕事をすることを目標に勉学に励んでまいりました。

この業界の第一線でご活躍の田村様のご助言をいただくことができればと、失礼を承知でご連絡申し上げた次第です。必要書類などを同封いたしましたので、お目通しのうえご指導をいただければと存じます。ご多忙中恐縮ですが、どうぞよろしくお願いいたします。

マナー

事前に紹介者から「依頼がいくのでよろしく」と伝えておいてもらうとスムーズです。

子どもの就職先の紹介を依頼

親➡知人

朝夕は過ごしやすくなった昨今、ご清祥にお過ごしのこととお喜び申し上げます。

実は、来春大学を卒業する娘のことでご相談したく、お便りをさし上げます。＊＊業界への就職を熱望し、就職活動をつづけてまいりましたが、いずれも力不足で不如意な結果となりました。つきましては、⇆**ご交際範囲の広い前田様に、**採用の情報をいただけないかとお願いする次第です。

突然書類をお送りするのは非礼ですが、娘の紹介を兼ねて同封いたします。後日ごあいさつに伺いますが、まずは書中にてお願い申し上げます。

応用

＊豊富なご人脈をお持ちの＊＊様なら…

＊業界の要職にお就きの＊＊様なら…

人物の紹介にかかわるお願いの手紙

「人と人とをつなぐ」重要な連絡です

人物の紹介を依頼する

本人→知人

前略　突然のご連絡で恐縮なのですが、後藤様は、弁護士の青木先生とお親しいと伺っております。差し支えなければ、先生をご紹介いただけないでしょうか。

実は、昨年他界した父の相続協議で、恥ずかしながらもめており、相続に精通された青木先生にご相談したいのです。ただ、不慣れなもので、ご連絡するにも気おくれがあります。後藤様のご紹介があればスムーズなのではないかと、ぶしつけなお願いを思い立った次第です。

近日中にお電話しますが、まずはお願いまで。

草々

注意点
相手の返事が必要な依頼は、その後どのように連絡するか明記することが大事です。

知人を紹介する依頼状

本人→友人

お元気でご活躍のことと存じます。実は、懇意にしている知人の坂本氏から、遺産相続協議の件で、ご高名な青木弁護士のお力を借りたいので紹介してほしいとの依頼を受け、このようにお便りしています。

トラブルの詳細は存じませんが、坂本氏は好んで問題を大きくするような人物ではありません。ここに至るまでには、相応の苦悩と憤りがあったものと推察いたします。

近日中に坂本氏から連絡がいきますので、諸条件が合えば、ぜひ力になっていただきたく、私からもお願い申し上げます。

注意点
手紙はあとに残るものだけに「人柄は保証します」などと軽々しく書かないことです。

相手の気を悪くさせない断り方のマナーとコツ

依頼や誘いを受けたけれど、応えられないという場合は多いものです。しかし、相手が気分を害する断り方では「もう絶対お願いする（誘う）ものか！」などと思われてしまい、その後のコミュニケーションに悪影響を及ぼすこともあります。

「NO」という返事だけで終わると、相手は、自分が全否定されたような印象を受けてしまいます。今後につなげる「YES」で結ぶように心がけることで、前向きな文面になり、好感度が高くなります。

① 失礼な断り方やあいまいな返事はNG

◆理由が明確でない断り方

✖ 今回はパスします。
✖ 無理です。
✖ 私はやめて（遠慮して）おきます。

「NO」だけなので、相手を拒絶するような印象を与えます。また、これらの表現は「上から目線」と受けとられることが多く無礼です。

◆あいまいな返事

✖ 考えておきます。
✖ 今は出席できるかどうかわかりません。
✖ 伺えるようなら伺います。

「NO」と書いてはキツいかもしれない、とこのようなあいまいな表現を用いる人も多いものです。しかし、相手は「YES」の返事ととらえたり、期待を持ったりすることもあります。

② クッション言葉を加えて理由を説明する

礼儀正しく断るには、次のように、3段階で文章を組み立てましょう。クッション言葉がないと、冷淡な印象になります。また、冠婚葬祭の案内を「ゴルフなので」と断ったり、勧誘を「興味がない」と断ったりするのは失礼です。

自分の気持ちを伝えるクッション言葉	相手が「それならしかたない」と思う理由	断りの言葉
あいにく	家庭の事情で	出席できません。
残念ながら今回は	どうしてもはずせない所用があり	欠席させていただきます。
申しわけありませんが	出張のため	お受けできません。
本来ならばお引き受けすべきところですが	仕事上の先約があり	今回はご容赦ください。
せっかくのご依頼ですが	社内規則で	見送らせていただきます。

③ 代案を出して今後につなげる

✕ 今回は出席できません。

○ 今回は都合がつきませんが、**次回はぜひ。**

✕ お受けできません。

○ 残念ながら見送らせていただきますが、**＊＊についてなら協力できます。**

「NO」で書き始めた返事を、かわりの案で「YES」に変換して結ぶと、好印象を与えます。また、代案を出すことで、条件さえ合えば相手の依頼を受けられるのだが、という誠意を示すこともできます。

断りの手紙・基本ひな型

就職の紹介依頼を断る

本人⬇知人

1 頭語と結語

相手の手紙への返事なので「拝復　お手紙（ご書状／ご書面／お便り）拝見（拝読／拝誦《はいしょう》）しました」と書き始めます。

書き出し（前文）

❶拝復　お手紙拝見いたしました。

主文

❷❸❹さっそくですが、先日ご依頼をいただきましたお嬢様のご就職の件につきましては、心苦しいお返事をしなくてはなりません。

2 時候のあいさつ
3 安否のあいさつ
4 感謝のあいさつ

相手は、返事を心待ちにしていますし、まず知りたいのは「結論」です。書き出しのあいさつは省いて、すぐに用件に入りましょう。

あいさつから書き始めるとしても、「時下ますますご清祥のことと存じます」程度の簡潔な文章にします。

結び（末文）

ご依頼を受けまして、人事の担当者に確認いたしましたが、❺**弊社では一次試験である筆記の成績が最優先され、二次の面接でも縁故の有無により結果が左右されることはいっさいないとのことです。**昨今の社会的風潮を受け、採用基準はどこも厳密になっているようで、業界の他社も同様の状況であると思われます。

そのような次第で、まことに申しわけありませんがお役に立てませぬこと、なにとぞご了承くださいますよう、お願い申し上げます。

お嬢様の実力によって、❻**希望どおりの道が切り開かれますことをお祈りし、**まずはご返事とさせていただきます。

❶**敬　具**

5 用件（断りの返事）

依頼者側に問題があるために断る場合も、それをはっきり書いては角が立ちます。「担当者に確認したが、縁故採用はない」「来年度の募集はない」など、こちら側に依頼を断らざるをえない事情があると説明します。さらに「お役に立てず（お力になれず）申しわけない」というおわびのニュアンスを加えると、やわらかい印象の文面になります。

6 結び

「希望がかなう」「努力が実を結ぶ」「道が開かれる」など健闘を祈る言葉で結びます。根拠がないのに「いずれ機会があれば」など期待を持たせる言葉を添えるのは控えます。

保証人や借金・借用を断る手紙

役に立てないことをわびる気持ちで

身元保証人の依頼を断る

本人➡親戚

このたびは俊哉さんのご就職まことにおめでとうございます。また、保証人にとのご依頼は、光栄に存じております。

ただ、たいへん恐縮ですが、このたびの件はご辞退させてください。実は、勤務先で早期退職制度を導入し、それに応じようと検討しているからです。退職した場合の先行きは不明で、保証人という大役は少々荷が勝ちすぎていると感じております。

ご期待に添えず心苦しいのですが、事情をご賢察のうえ、ご了承ください。

マナー 就職内定を祝う言葉から始めます。

メモ 「荷が勝つ」と「荷が重い」は同義ですが、後者ではいやがっている印象を与えます。

借金の依頼を断る

本人➡目上の知人

拝復　思いがけないことで、さぞお困りのことと存じます。

なんとかお役に立てないものかと、妻（夫）にも相談しました。しかし、わが家は住宅ローンに加えて、子どもの教育ローンも抱える身で、到底余裕はなく、どうしてもご用立てすることはかないません。

これまでいろいろとお世話になりましたのに、肝心のときにお力になれず、ふがいなく思いますが、どうか事情をおくみとりいただき、あしからずご了承ください。

事態の好転をお祈りします。

敬　具

マナー まず前向きに検討したことを伝えます。

応用 裕福だと思われがちな経営者は「会社の個人保証で「資金繰りは厳しい」などを理由にするのも一法です。

依頼や勧誘を断る手紙

その後も人間関係を保つことを心がけて

親の世話の依頼を断る

妻→夫の姉

申しわけなくてお電話しづらく、お便りします。

先日お話のあったお父様を病院へお連れする件ですが、その日は息子の受験の保護者面接の日でした。私がうっかりしてスケジュール帳を一週間見誤ってしまいました。

当日は隆利さんが出張のため、どうしても私が行かなくてはなりません。

一度お受けしておきながら、お断りする結果となり、身の縮む思いでおります。

どうかお許しください。まずは心苦しいご連絡まで。

マナー

いったん受諾しておきながら、あとで断るのは、たいへん失礼なことなので、おわびの気持ちを前面に出しながらお断りします。

宗教の勧誘を断る

本人→知人

ごていねいなお手紙とパンフレットを拝受しました。私の病気のことをお心にかけていただき、ありがとうございます。ただ、私は、現在の主治医を信頼し、納得して治療を受けております。もちろん不安はありますが、それは自分で受けとめなくてはならないと覚悟を決めています。

岡本様のお考えや信仰は尊重いたしますが、そのようなわけで、私自身は新たな信仰を持つ気持ちはございません。たいへん失礼ながら、**今後もお誘いは遠慮いたします**ので、あしからずご理解くださいますようお願い申し上げます。

メモ

宗教の勧誘は好意にもとづくものです。相手を否定する表現はＮＧですが、興味がないときは、ていねいにきっぱり断ります。

催促・苦情で望む結果を得るためのマナーとコツ

「まだか」「いやだ」「困る」という気持ちを、相手に強くぶつけるのは逆効果です。相手は、自分の存在自体を否定されたような気持ちになり、聞く耳を持たなくなりがちだからです。

また「いやだ」「困る」というだけでは、問題は解決しません。相手にどうしてほしいのかの「落としどころ」を意識して書き、その目的のために、自分が多少譲歩することも必要です。

① いきなりダメ出しをしない

✖ピアノの音がうるさくて困ります。
○【突然で恐縮ですが、】お宅様のピアノの件でご相談があります。

✖まだ振り込まれていません。
○【恐れ入りますが】＊月＊日現在、入金が確認できておりません。

✖貸したものを返してもらっていません。
○【つかぬことを伺いますが】私がお貸ししたと記憶しております。いかがでしょうか。

最初から「相手が悪い」と決めつけないこと。悪気がなかったり、忘れていたり、あるいはなにか事情があってのことかもしれません。

【　】のクッション言葉を加え、相談・確認・記憶などの好感ワードを使って書き始めます。

② 具体的な解決方法を提案する

× 夜にピアノを弾くのはやめてください。
○ 夜10時以降はお控え願えませんでしょうか。

× 早急にお振り込みください。
○ ＊月＊日までにお振り込みくださいますようお願い申し上げます。

× すぐに返してください。
○ お忙しいようでしたら、宅配便などでお送りいただければ、たいへんに助かります。

ピアノの音がうるさいからと「いっさいやめてくれ」と苦情を言うのは乱暴です。時間を決めて、それ以降はご遠慮をと提案すれば、相手も納得してくれやすくなります。

スムーズな解決のためには「具体的な解決策を明確な数字で示す」また、「譲歩できる点は譲歩する」のが近道です。

③ お願いモードで友好的に結ぶ

解決方法の提案は、「してください」という命令調ではなく、前項のように「お願いします」「～してくださると助かります」という文例にします。

結びをやわらかい表現にすることで、手紙全体の印象がていねいなものになります。

催促の手紙・基本ひな型

借金の返済を催促する（初回）

本人→友人

1 頭語と結語

相手のうっかりミスということも考えられます。初回の催促はおだやかに、「拝啓」で始め、「敬具」で結ぶ通常の手紙の形式にととのえます。

2 時候のあいさつ

催促という、急を要する用件ですから簡便なものでかまいません。仕事上の催促なら「時下ますますご清栄のことと存じます」を用いるのが一般的です。

3 安否のあいさつ

相手への慶賀の気持ちをあらわす意味のある「～とお喜び申し上げます」という表現は避けます。

書き出し（前文）　主文

❶拝啓　❷本年も残すところあとわずかとなりましたが、❸❹その後お変わりなくお過ごしでしょうか。

さて、さっそくですが、先日私どもでご用立てした件についてお❺尋ね申し上げます。お約束の返済

結び（末文）

期日は＊月＊日となっておりましたが、昨＊日現在、まだ入金が確認できておりません。

お話しいたしましたように、当方も蓄えに余裕があるわけではなく、無理をして工面したもので、来月には当方の支払いの予定も迫っており、たいへん困惑しております。

なにか事情があってのことと拝察しますが、早急にご確認のうえ、ご入金くださいますよう、❻**お願い申し上げます。**

敬具❶

❻
結び
初回は、「ご確認のうえ～をお願い（いた）します」という礼儀正しいお願いの文章で結びます。

❹
感謝のあいさつ
用件の性質上、感謝のあいさつは省略するのが自然です。

❺
用件（返済・入金の催促）
初回から「一刻も早く返済を」「見損なった」などの強い表現を用いると、相手が気分を害して、話し合いがうまく進まなくなることもあります。「お尋ね（ご確認）します」という問いかけモードで始めましょう。

そして、相手を責めるのではなく「こちらも困る」「こちらもお金が必要」など、「こちら側」の立場で窮状を伝えると、相手も応じやすくなります。

貸した金品の返却を催促する手紙

初回と2回目以降では表現を変えて

借金の返済の催促（初回）

本人→知人

朝夕はいくぶん涼しくなってきました。

さて、さっそくですが、先日ご用立てした分について、お約束の期限を過ぎましたが、まだ入金が確認できておりません。

実は、夫（妻）には内緒でご融通したものですから、事が明らかになると、私も苦しい立場に追い込まれてしまいます。そちら様にもご事情がおありでしょうが、遅くとも今月末までにはご返済くださいますよう、**お願い申し上げます。**

まずはとり急ぎ用件のみにて。

マナー

初回は、礼儀正しく時候のあいさつから始めます。

メモ

「ご返済ください」だけでなく「お願いします」と結ぶことでていねいな印象になります。

借金の返済の催促（2回目以降）

本人→知人

とり急ぎ申し上げます。

何度もご連絡をさし上げておりますが、お電話がつながりませんので、**お便りいたします。**

ご用立てした分をあてる予定だった支払いを待ってもらっている状態で、当方も困り果てております。今後も不誠実なご対応がつづくようであれば、法的な手段も考えざるをえません。親しくおつきあいしてきたあなたに、このようなご連絡をさし上げなくてはならず、ほんとうに残念です。

早急なご連絡をお願いいたします。

メモ

「だれからだれへ、いつ、どんな手紙を出したか」を郵便局（日本郵便株式会社）が証明する「内容証明郵便」で送るのも一法です。

立替金の清算を催促する

本人→友人

先日は突然のお電話で失礼しました。

遅ればせのご連絡になりますが、高校時代の友人は、西村さんと私が代表で参列し、皆様からのご香典をお渡ししてまいりました。私も雑事にとりまぎれ、昨日、通帳を確認したのですが、友子さんの分のお振り込みがまだのようでした。急ぎませんが、どうぞよろしくおとりはからいください。

念のため、振込口座は＊＊＊＊です。

催促がましくて恐縮ですが、**お知らせをしておかないと私も忘れそうなので。**お気を悪くなさらないでくださいね。では、よろしくお願いいたします。

注意点　口座番号などの個人情報が含まれるときは、はがきでなく封書にします。

マナー　相手の自尊心を傷つけないように配慮します。

貸したものの返却を催促する

本人→知人

残暑もようやくやわらいできたようですね。お元気でお過ごしのことと存じます。

きょうは、お貸しした留袖について伺いたいことがありご連絡しました。クリーニングしてからご返却くださるとのごていねいなご連絡をいただきましたが、その後いかがでしょうか。

実は、**来月に姪の結婚式があり、私も留袖を着る予定です。**和服のクリーニングは、洋服より期間がかかることは承知しておりますが、ご確認のうえ、今月末までにご返送いただけると助かります。お手数ですが、どうぞよろしくお願いいたします。

マナー　貸した品物の返却の催促は「こちらでも使う予定ができた」とするのが、最も妥当で、相手も納得しやすいものです。

苦情の手紙・基本ひな型

騒音への苦情

本人⬇近所の住民

書き出し（前文）

❶ 突然のお手紙をお許しください。
❷❸❹ お宅様の階下203号室の＊＊と申します。直接申し上げにくいお願いがあり、お便りを届けることにいたしました。

❶ 頭語と結語

苦情の手紙は一種の事務連絡なので、頭語と結語は省いてもかまいません。用いるとすれば「前略」または「急啓」で始め、「草々」で結びます。

❷ 時候のあいさつ
❸ 安否のあいさつ
❹ 感謝のあいさつ

個人あての場合は不要で、すぐに用件に入ります。ただし、相手と面識がないときは、簡単な自己紹介を添えます。企業にあてて苦情の手紙を出すときは、「いつも貴社製品を愛用させていただいております」と、顧客であることをアピールする表現を使うとよいでしょう。

結び（文末）	主文

❺ **実は、お宅のお子様方がいらっしゃるお部屋からの足音が、かなり響いてまいります。**ちょうど真下が、拙宅の老親の寝室でございまして、睡眠が妨げられるようなのです。

お子様がのびやかにご成長なさっているのは喜ばしいことですし、走ってはいけないと言っても無理なことは承知しております。

ただ、カーペット類を敷くなりして、夜間だけでも足音が響かぬようにご配慮いただけませんでしょうか。

当方の事情による申し入れで、まことにぶしつけとは存じますが、❻ **どうぞよろしくご検討ください。**

❺ 用件（騒音への苦情）

苦情の手紙では次の3点が重要です。

1. 冷静な表現で「お願い」する
感情的になると、相手の態度を硬化させ、しこりを残します。

2. 相手の状況に理解を示す
相手にも事情があるのだろうと同調する姿勢が必要です。

3. 解決策を提案する
「いっさいNG」という苦情は反感を買います。ある程度譲歩して相手も納得してくれるような策を提案します。

❻ 結び

「ご検討ください」「お願いします」など、ソフトな表現で結びます。

抗議と苦情の手紙

冷静に、問題解決の道をさぐります

騒音への苦情

本人→近所宅

突然の手紙で驚かれたことと思いますが、⇆**直接は申し上げにくいお願いのため**、このような形でお許しください。

最近、深夜まで、お宅様のオーディオの大音量が響いております。当方の事情によるお願いで恐縮ですが、拙宅には受験生がおりまして、勉強に集中できないと申しております。

可能でしたら夜10時以降は音を小さくしていただけないでしょうか。

どうぞよろしくご検討ください。

応用

＊ご不在のようですので、メモを残してまいります。

＊なかなかお目にかかれませんので、手紙でご連絡いたします。

迷惑駐車への抗議

本人→運転者

ドライバーの方へ

このところ頻繁に拙宅の前に駐車なさっているようですが、この通りは駐車禁止区域です。また、当方ならびに来訪者の出入りにも支障をきたしております。どうか近隣の有料駐車場などをご利用くださいますようお願い申し上げます。

失礼ながら、車のナンバーを控えさせていただきました。これ以上つづくようなら、♥**やむをえずレッカー移動の手配などをすることになりますので**、お含みおきください。

良識ある対応を望んでおります。

マナー

相手の非が明らかな場合は、強硬手段の行使もしかたのないことです。

ペット飼育への苦情

本人→管理人

いつも行き届いたお仕事をありがとうございます。

本日は**管理人さんに折り入ってお願いがあります。**

実は、マンション内でペットを飼っているお宅が複数あるようです。ベランダに干した洗濯物や布団に、風で飛んできた犬や猫の毛が付着していることもあり、とても不衛生です。

ご存じのように、当マンションではペットの飼育が禁止されています。お手数ですがご調査のうえ、ルールの徹底をお願いいたします。

なお、今後のご近所づきあいもありますので、当方からの連絡であることは伏せてくださいますよう、重ねてお願い申し上げます。

メモ

先方に直接抗議せず、管理人や町内会役員などに解決を頼むのもよい方法です。

不良品への抗議

本人→メーカー

前略 **いつも貴社製品を愛用させていただいております。**

同封の品は、＊月＊日、＊＊店で買い求めたものですが、中に白濁したかたまりがいくつも見受けられます。このような異常を発見したのは初めてですが、このままでは安心して貴社製品を手にとることができなくなってしまいます。

状態をご確認いただくため、商品を返送させていただきます。早急に原因を調査していただき、善処してくださるようお願いいたします。

なお、送料着払いでご返送申し上げる失礼をお許しください。

草々

マナー

企業への苦情は、ただ非難するのではなく「いままで愛用し、これからも使いつづけたい」からあえて知らせる、という姿勢を保ちます。

相手の心に届く謝罪のマナーとコツ

書きにくい手紙の筆頭とされる、おわびの手紙。言葉の選び方によって相手に与える印象は大きく違います。

適切な対応をすれば、「誠実だ」「信頼できる」と認識され、以前より自分側のイメージアップにつながることもあるのです。

1 手紙での謝罪の言葉の基本は2つだけ

✕ごめんなさい。

✕すみません。

✕おわび申し上げたいと思います。

◯（まことに）申しわけありません。

◯（深く／心より）おわび申し上げます。


話し言葉用の「ごめんなさい」「すみません」は、手紙では軽すぎて、誠意が感じられません。また、謝罪会見などで耳にする「おわび申し上げたいと思います」という表現では、思っているだけでおわびしていることにはなりません。

2 言いわけや事情説明はあとから最小限に

✕このところ多忙な日々がつづいておりまして、日程が変更されたというご連絡を、失念しておりました。申しわけありません。

◯このたびは申しわけありませんでした。日程が変更されたという連絡を失念しておりました。


両方とも、書いている内容はほぼ同じですが、◯例のほうがていねいで好感が持てます。

×例では、言いわけ→事情説明→おわびの順で、回りくどい文章になっているからです。

③謝罪の気持ちがこもった表現を使う

✕忘れていました。
○失念しておりました。

「失念」は「覚えていたはずのこと」を思い出せないこと、という意味で、自責の念を持っているという気持ちを伝えられます。

✕お借りしていた品がなくなってしまいました。
○お借りしていた品をなくしてしまいました。

「なくなって」では、品物が勝手にどこかへ行ったかのような、無責任な表現になります。

✕言いわけはいたしません。
○弁解の余地もございません。

×例は、一見潔く思えますが、「言い分はあるが、ここではあえて書かない」という、含みを持たせた意味にとられることもあります。

✕スタッフが失礼なことをしたそうで、おわび申し上げます。
○このたびの不行き届きをおわび申し上げます。

自分自身に非がないときは、つい「〜だそうで」「〜のようで」など、他人事のような表現を使ってしまいがちです。

そんなときは、配慮が足りなかったことをわびる「不行き届き」(監督や指導が不十分で、注意が行き届かなかったこと)を使います。

✕深謝いたします(申し上げます)。
○陳謝いたします(申し上げます)。

ビジネス上のおわびなどで用いる表現です。「深謝」には「深く感謝する」「深くおわびする」という2つの異なった意味があるため、謝罪の手紙では誤解を招かないよう「(深く)陳謝」(わけを述べて謝罪すること)を使うのがベターです。

騒音の苦情に対するおわび

本人→近所の住民

書き出し（前文）

＊＊様　303号室の＊＊でございます。

このたびはたいへんご迷惑をおかけいたしまして、まことに申しわけありませんでした。

以前から、子どもたちが騒がしいことは気にしておりましたが、ご忠告いただかないのをいいことに、

1 頭語と結語

玄関ポストに入れる場合、頭語・結語などの形式をととのえる必要はありません。呼びかけ→自分の名乗り、の順に始めるとよいでしょう。

2 時候のあいさつ
3 安否のあいさつ
4 感謝のあいさつ

伝えたいのは謝罪の気持ちです。1〜4は省き、率直なおわびの言葉から書き始めます。なお、手紙では、

○（まことに）申しわけありません。
○心よりおわび申し上げます。

のどちらかを用いるのが一般的で、「ごめんなさい」「すみません」では心からの謝罪が伝わりません。

主文

日々を過ごしておりました。

子ども部屋に二段ベッドがあり、最近は上段から飛び降りる遊びをしておりましたので、特にその音が響いたものと思われます。

さっそく、ベッドを分け、子どもたちにもよく言い聞かせました。とはいえ、聞き分けのない年齢ですので、今後も不快な思いをさせることがあるかもしれません。そのようなときは、いつでもご連絡ください。

結び（文末）

❻**お知らせいただきましたことに、心より感謝申し上げます。**至らぬ私どもではございますが、どうぞ今後ともよろしくお願いいたします。

5 用件（おわびと改善策）

謝罪の言葉
↓事情の説明
↓反省の言葉
↓改善策の提示
の順に書き進めます。

「自分は悪くない」「この程度で迷惑に感じるのか」と思う場合、直接的な謝罪でなくても「ご不快な思いをさせて申しわけありませんでした」と相手の気持ちに寄り添う表現を使えば、相手の姿勢もやわらぎます。

6 結び

苦情を言うのは勇気ある行動です。「ご忠告を受けてありがたかった」とフレンドリーに結びましょう。

借りた金品に関するおわびの手紙

できれば相手から催促される前に連絡を

借金の返済が遅れたおわび

本人➡知人

お手紙を拝見しました。このたびは、無理なお願いをお聞き届けいただきましたのに、お約束を守れずほんとうに申しわけありません。

実は、予定していた入金が一カ月延びることになり、ご連絡しようと思いながら、ご好意を裏切ることになるのが忍びなく、今日に至ってしまいました。

お手紙をいただき、身の縮む思いでおります。重ねてのご迷惑を心よりおわびいたします。なんとか来月末までお待ちくださいますよう**伏してお願い申し上げます。**

メモ

「伏して」は、文字どおりへりくだって頼み込むときに用いる表現。「お許しくださいますよう、伏して……」などと使います。

借りたものを破損したおわび

本人➡知人

先日は、ご親切に礼服一式をお貸しいただき、ありがとうございました。おかげさまで、誇らしい気持ちで参列しました。

実は、たいへん申しわけないのですが、草履にすり傷をつけてしまいました。私の不注意で、おわびの申し上げようもございません。

もちろん弁償させていただきますが、具体的にどのようにすればよいか、まずはご意向を伺ってからとお手紙をさし上げる次第です。追ってご連絡をいたしますので、ご指示くださいますようお願い申し上げます。

まずはとり急ぎおわびまで。

注意点

「弁償するのでお許しください」では、謝罪の気持ちと誠意が感じられません。

迷惑をかけたおわびの手紙

必要に応じて金銭負担を申し出ます

同窓会ドタキャンのおわび

本人→幹事

このたびは、久々のクラス会だったのに、当日になって伺えなくなってしまい、ほんとうに申しわけありませんでした。幹事の藤原さんには、たいへんなご迷惑をおかけしてしまい、心よりおわび申し上げます。**会費負担の件、当然のことと存じます。**おわびのしるしとともに、お送りいたしますので、どうぞお納めください。

高齢の親と同居しておりますと、突然思いもかけないことが起こりますが、どうかお見捨てなくおつきあいくださいますよう、お願いいたします。まずはおわびまで。

注意点

キャンセルがきかない場合は会費を負担します。欠席連絡の際に確認しましょう。

親が入所する施設へ

本人（子）→施設長

このたびは貴所の入居者様に**母がご迷惑をおかけしたとのこと、**ほんとうに申しわけありませんでした。まだ、**入所から日が浅く、環境に順応できないのだろうと存じますが、**家族として悲しく、恐縮の思いでいっぱいでおります。お相手の入居者様には、スタッフの方からどうかよろしくおとりなしくださいますようお願い申し上げます。

本来であれば、参上しておわび申し上げるべきところ、仕事の都合で、次回の訪問は今月末になる予定です。まずは書中にて心よりおわび申し上げます。

マナー

入居者同士の暴言・暴力によるトラブルを知った場合は、家族からおわびします。

注意点

言いわけがましくないように留意します。

苦情を受けたときのおわびの手紙

自分に非がない場合は表現に注意して

苦情を受けたおわび

本人→ご近所

お手紙拝見しました。オーディオの音のことは気にしていたのですが、そのような大きなご迷惑をおかけしていたとは思わず、たいへん失礼いたしました。**お知らせいただいて、ありがとうございます。**

今後は、ご提案のように時間を守り、ラグなどを敷いてなるべく音が響かないように改善いたします。

これからも、何かお気づきの点がありましたら、ご忠告のほどよろしくお願い申し上げます。

末筆ながら、親御様にもどうぞよろしくお伝えください。

マナー

苦情を言う側にもためらいがあったはず。感謝の表現を添えると、相手が安心します。

過失がないのに苦情を受けたとき

店主→お客様

このたびはお忙しい中、弊店へお越しいただきましたのに、**ご不快な思いをさせてしまい、心よりおわび申し上げます。**対応が行き届かず、店主として責任を感じております。

ご指摘いただきました点は、今後の接客に生かしてまいります。

まことに勝手なお願いではございますが、どうか今後とも弊店を従前同様にご愛顧くださいますよう、お願い申し上げます。

本来ならば参上すべきところ、まことに略儀ながら書中にておわび申し上げます。

注意点

自分側に過失がない場合は、ミスへの謝罪ではなく、相手の気持ち（不快にさせた・迷惑をかけた）に対しておわびします。

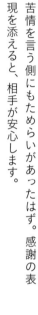

PART 7

お見舞いの手紙・お見舞いへのお礼の手紙

「新しい生活様式」でのお見舞いの方法とマナー

入院や災害の知らせを聞くと、すぐお見舞いに駆けつけるのが誠意のあかしと思われがちです。しかし、コロナ禍の現在、多くの病院ではお見舞いのための面会が禁止されていますし、自宅で療養する人を訪問するのも控えるほうがよいでしょう。また、災害の場合、復旧作業に忙しくて訪問を迷惑に感じることもあります。お見舞いの金品に手紙を添えて送るのが、現状ではベストの方法です。

状況別　お見舞いの贈り方マナー

種類	お見舞いの金品	贈るときのマナー
入院見舞い **（病気やけが）**	現金	水引が蝶結びになった祝儀袋ではなく、赤白結びきりの袋、赤帯入りの専用袋、白封筒などを使う。表書きは「御見舞」「入院御見舞」など奇数の文字数にする。
	花	病気への影響、また新型コロナ感染拡大防止の観点から「生花は禁止」の措置をとる病院がふえているので、事前に確認すること。
	食品	内臓疾患の場合は、食事制限があることが多く、持参しないほうが無難。相部屋に持参の場合は、同室の人へも配慮して「分けられる」物を。果物は、皮をむかずに食べられる、いちごやぶどうが歓迎される。ただし、コロナ禍で食品の差し入れが禁止されている場合も。

入院見舞い（病気やけが）	その他	親しい間柄なら、病院売店では入手できない本や雑誌などをリクエストに応じて持参して受付に託すか、宅配便などで送るのもよい。
災害見舞い	現金	袋や表書きは、入院の場合と同じ。ただし、火事見舞いのときは、赤線が「火」を連想させるため白封筒を用いる。
	日用品	要不要を相手に確認してから。重複すると、相手が困る。
介護見舞い	現金	家族あてに「御見舞」として渡すのはよいが、施設入所中の本人は管理がむずかしいので避けるのが賢明。
	食品	食事制限がなければ、本人の昔からの好物や、ほかの入所者・スタッフに配れる個包装のお菓子などが喜ばれる。ただし、物品を受けとらない施設もある。

お見舞いへのお礼のマナー

入院見舞い	いただいたお見舞いの3分の1から半額程度を、赤白結びきりの水引と「快気（之）内祝」の表書きで贈る。「のし」の有無は地域の慣習によって異なる。不幸にして亡くなったときは弔事のかけ紙に「御見舞御礼」の表書きにするのが一般的。
災害見舞い	お返しは不要。落ち着いたらお礼状を出す（文例は206ページ）。

お見舞いの手紙・基本ひな型

病気入院のお見舞い

本人→知人男性

① 頭語と結語

とるものもとりあえず出す手紙です。前文を省いて「前略」で書き始めて「草々」で結ぶか、「冠省」で始めて「不一」で結びます。

書き出し（前文）

前略❶　ご❷❸❹入院なさったと伺いまして、たいへんに驚いております。

主文

❺手術は成功したとのことで、ひとまず安心いたしましたが、その後の経過はいかがかとお伺い申し上げます。

② 時候のあいさつ

お見舞いの手紙では省略するのが一般的です。ただ、長期療養中の方にあてては「日ざしが春めいてまいりました」など、気分を引き立てるような季節のあいさつから始めてもよいでしょう。

③ 安否のあいさつ

安否（状況）を尋ねるのが目的ですから、冒頭のあいさつは省きます。

日ごろから、たいへんご多忙なお仕事をお持ちですので、お疲れがたまっていたのではないかと案じております。

奥様をはじめ、ご家族様のご心配もいかばかりかと存じます。ご看病のお疲れが出ませぬよう、どうぞご自愛ください。

さっそく病院に参上したいところですが、時節柄、面会は控えさせていただきます。どうぞご静養を専一になさってください。

結び（末文）

❻ **一日も早いご本復をお祈り申し上げまして、まずは書中にてお伺い申し上げます。**

草々 ❶

❹ 感謝のあいさつ

省略して、すぐに用件に入ります。

❺ 用件（お見舞い）

入院見舞い、災害見舞いを問わず、

A **災厄を知った驚き**
B **心配している気持ち**
C **相手の状況を思いやる気持ち**

の順に書き進めます。

❻ 結び

回復や復興を祈る言葉で結びます。お見舞いの金品を送るときは、「なお、心ばかりですがお見舞いのしるしを同封させていただきます」と書き、結びの言葉へとつなげます。

入院見舞いの手紙

面会禁止で品物を届けるときは手紙を添えて

むずかしい病気の場合

本人→友人

日足もずいぶん伸びてきましたね。

ご入院先の病院は、たいへんに評判のよいところと聞いています。**安心して治療に専念できますね。**

少しでもお気持ちのお慰めになればと、あなたのお好きな花の写真集をお届けします。ほかにも、リクエストがあれば、なんなりとご連絡ください。

ご快癒を心よりお祈りいたします。

注意点

「名医」や「＊＊に効くサプリメント」などを安易にすすめることは厳に慎みます。

また、重病の場合や闘病が長期にわたる場合に、「具合はいかが？」と「早くよくなって」のフレーズはNG。励ましているつもりで、相手を深く傷つけてしまうことがあるからです。

患者の家族を見舞う

本人→友人

このたびは、ご主人様がご入院とのこと、とても驚いております。

術後の経過は順調と伺っておりますが、美紀さんをはじめ、ご家族の心痛はいかばかりかとお察しいたします。

ご主人様の一日も早いご回復を心よりお祈りいたしております。

やさしい美紀さんのことですから、行き届いたご看病をなさっていることと存じます。

ご心配でしょうが、お疲れが出ませんよう、どうぞご自愛ください。

マナー

家族にあてての手紙は、看病や介護にあたる疲労や心労をねぎらい、いたわりの言葉で結ぶとよいでしょう。

介護見舞いの手紙

相手をねぎらいながら、気持ちを明るく引き立てるように

義姉への介護見舞い

本人➡夫の姉

夏本番を迎えましたね。遠方を言いわけに、なかなか伺えず申しわけありません。

最近のお母様は食欲もあるようだと先日お電話で伺いました。♥**お姉様が時間をかけて食べさせてあげたり、お母様の気持ちを引き立ててくださっているからこそと、**頭が下がります。

名産の桃が旬を迎えましたので、少しお送りします。皆様でお召し上がりください。また、お姉様へ、日ごろの感謝のしるしにささやかな品を同梱しました。お気に召していただければうれしいです。

マナー

具体的な事例をあげながら、親身な介護を感謝する気持ちをあらわします。

友人への介護見舞い

本人➡友人

お父様のご退院、おめでとうございます。

まじめで、責任感の強い加奈さんのことですから、きっとプロ顔負けの介護で、お父様に尽くしていらっしゃるのだろうと想像しています。でも、一生懸命になりすぎて、体調をくずされるようなことがあっては困ります。どうぞご自愛くださいね。

陣中見舞いといっては失礼ですが、甘味を気持ちばかりお送りします。

デイサービスが始まったら、こちらにもお出かけください。ランチしましょう！

メモ

介護者へのお見舞いは「自由時間を贈る」のがベスト。親戚なら半日でも介護をかわる、友人なら外へ誘い出すなどの提案を検討します。

災害見舞いの手紙

本人の無事を喜び、早期の復旧を祈る言葉で結びます

被害が大きかったとき

本人→知人

ご自宅が罹災したと伺い、とり急ぎお便りいたします。

ご家族の皆様も、どんなにか驚かれたことでしょう。被害が甚大だったそうで、さぞお力落としのこととお察しいたします。ご家族におけががなく、無事に避難できたことが、**せめてものことと存じます。**

すぐにでもお手伝いに駆けつけたいところですが、何かとおとり込みと思われ、失礼ながら気持ちばかりのお見舞いを同封させていただきます。

早期の復旧を心よりお祈りいたします。

注意点

「せめてもの**救い**」「不幸中の**幸い**」は、被害者が気持ちを奮い立たせるための表現。見舞う側が使うのはNGです。

火災（類焼）見舞い

本人→親戚

このたびは、たいへんでしたね。心よりお見舞い申し上げます。遠方におりますため、**お手伝いにも伺えず、心苦しく思っております。**

衣類が水浸しになったと母から聞いております。気持ちばかりではございますが、**お子様の洋服を少々見つくろって**お届けいたしますので、お納めください。

しばらくは落ち着かず、またお忙しい日々がつづくことと思いますが、どうぞご自愛ください。

まずはお見舞いまで。

マナー

力になれない恐縮の気持ちを伝えます。

メモ

物品を送るなら、赤ちゃんや子ども用の品を優先するほうが喜ばれます。

地震見舞い

本人→知人

けさのニュースでそちらの大地震を知り、ほんとうに驚きました。さっそくお電話したのですがつながらず、心配しておりましたところ、裕美さん経由で⇄**ご無事に避難なさったことを知り、一安心しました。**

遠くにおりますと、もどかしい思いが募ります。とり急ぎ、あなたの好物や日用品などを思いつくままに詰めまして、ご実家あてにお送りしました。ほかにも、何か不足しているものがありましたら、ご遠慮なくご連絡くださいね。

一日も早く、元どおりの生活に戻れることをお祈りしています。

応用

大被害のときは次のような表現で。
＊どんなにご落胆のことかと案じております。
＊お慰めの言葉も見つかりません。

風水害見舞い

本人→親戚

このたびの台風で⚠**ご自宅が被害にあわれたと伺い、**心を痛めております。

まだ新しいお宅ですから、さぞお力落としのことと存じます。

どうかお気持ちを強くお持ちになってくださいませ。

週末には⇄**主人と息子がお手伝いに伺うと申しております。**その際に、何か必要なものがあれば持参いたします。金曜日にお電話をさし上げますので、なんなりとお申しつけくださいませ。

まずは一筆お見舞いまで。

注意点

「浸水」「倒壊」など、被害を直接思い出させる文字は使わないようにします。

応用

＊ご迷惑でなければ、主人と息子が応援にまいると申しております。
＊男手が多いほうが進むと存じますので、伺わせます。

お見舞いへのお礼・基本ひな型

病気入院のお見舞いを受けたお礼

本人→お見舞いをいただいた方

書き出し（前文）　主文

❶拝啓　❷新緑の候となりましたが、❸皆様にはいよいよご清祥のこととお喜び申し上げます。

さて、このたびの私の入院に際しましては、❺ごていねいなお見舞いをいただき、❹まことにありがとうございました。

1 頭語と結語
お見舞いをいただいた方が多数の場合は、印刷やコピーしたお礼状でもかまいません。その場合は、万人に向く「拝啓」「敬具」を使います。

2 時候のあいさつ
入院という非常時から、平常時に戻ったことをあらわすためにも、時候のあいさつから書き始めます。なるべく明るいイメージの言葉を選びましょう。

3 安否のあいさつ
自分の安否（回復して退院）を伝える手紙ですから、相手の安否に関するあいさつを必ず添えます。

結び（末文）

おかげさまで、＊月＊日に無事退院いたしました。

来月からは、職場にも復帰する予定でございます。

今後は、皆様にご心配やご迷惑をおかけすることのないよう、体調管理にいっそう努めてまいりますので、変わらぬご厚誼のほどをどうぞよろしくお願い申し上げます。

本日は、入院中に賜りましたご厚情への感謝のしるしに、心ばかりの快気内祝をお届けいたしますので、どうぞご受納ください。

❻ まずは略儀ながら書中をもちまして御礼申し上げます。

敬❶具

❹ 感謝のあいさつ

手紙の目的が「感謝」なので、冒頭のあいさつからは省きます。

❺ 用件（お見舞いへのお礼）

「ごていねいなお見舞いをいただき」というフレーズは、病院に来たかどうかにかかわらず使える便利表現です。回復の報告・今後の見通し・健康管理への思いの順に書き、最後に、内祝品の送付についてふれます。

❻ 結び

お礼の言葉を繰り返して、ていねいに結びます。

入院見舞いへのお礼の手紙

内祝の品にお礼と現状を書いた送り状を添えます

基本的な文例

本人→知人

＊＊の候となりましたが、ご清祥にお過ごしのこととお喜び申し上げます。

このたびの入院中は、**ご丁寧なお見舞い**をいただき、まことにありがとうございました。ご心配をおかけしましたが＊月＊日、無事に退院いたしました。今後はいっそう健康管理に留意する所存ですので、変わらぬご厚誼をよろしくお願い申し上げます。

なお、**内祝のしるしに心ばかりの品をお送り申し上げますのでお納めください。**

まずは書中にて御礼申し上げます。

応用　病院に来てくれた方へは「ご多忙中お見舞いいただいたうえ、過分なお心づかいを」に。

メモ　快気内祝の品の送り状として出します。

病院へのお見舞いのお礼

本人→友人

先日はお忙しい中、足をお運びいただきまして、まことにありがとうございました。病室におりますと、どうしても気弱になるものですが、**明るく励ましていただいたおかげで、前向きな気持ちになれました。**

おかげさまで＊月＊日に退院し、先日から職場にも復帰しておりますので、どうかご安心ください。今後は、皆様にご迷惑やご心配をおかけすることのないよう、自重するつもりです。

ささやかではございますが、内祝をお送りいたしますのでご受納ください。

マナー　直接お見舞いに来てくれた人には、励ましへのお礼を主体にします。

退院後、自宅療養するとき

本人→知人

このたびの私の入院に際しましては、あたたかいお気づかいをいただき、まことにありがとうございました。
おかげさまで、術後の経過は順調で、＊月＊日に退院いたしました。ただ、大きな手術でしたので、しばらくは自宅で静養し、早期の職場復帰をめざすことになりました。**手術前より、生活の質は向上するとのことです。それを楽しみにして、療養に努めるつもりです。**
退院の節目にあたり、心ばかりの**内祝**をお送りいたしますのでお納めください。まずは書中にて御礼のごあいさつまで。

メモ
現在の状態は、なるべく前向きに伝えます。

マナー
完治ではない場合、のし紙の表書きは「退院（之）内祝」「御見舞御礼」とします。

自宅介護見舞いへのお礼

家族→親戚

このたびは、ごていねいなお見舞いをいただき、まことにありがとうございます。最近の母は、飲み込む力が弱くなってまいりましたので、やわらかいゼリーを喜んでおりました。**行き届いたご配慮とご温情に感謝いたします。**
先の見えない日々を、不安に思うことも正直ありますが、日々の小さな幸せや喜びを心の糧にして、介護にあたっていこうと前向きに考えております。どうか、これからもよろしくお願い申し上げます。

マナー
品物に込められた「気持ち」へ感謝します。

応用
現金をいただいた場合は「母のために有効に使わせていただきます」とします。

注意点
親戚など親しい間柄以外の相手へは「正直な気持ちの吐露」は割愛します。

お見舞いをいただいたあとで亡くなったときのお礼

子⬇お見舞いをいただいた方

謹啓　亡父＊＊＊の病気療養中には、ごていねいなお見舞いをいただき、ご厚情のほどまことにありがたく存じております。

残念ながら、薬石効なく、また皆様からのお励ましにこたえることもかなわず、＊月＊日に父は永眠いたしました。

ご多用中にもかかわらず葬儀にご参列いただきましたこと、さらには生前ご交誼いただきましたことを、故人になりかわりまして、あらためて心より御礼を申し上げます。

別便のとおり、先日七七日法要を無事にとり行いました。

節目にあたりまして、**心ばかりの御礼のしるしをお届け申し上げますので**、ご受納くださいますようお願い申し上げます。

まずは略儀ではございますが、書中をもちまして御礼を申し上げます。

謹白

マナー

香典返しとは別にお礼をするのが一般的

お見舞いをいただいたのち、不幸にして亡くなることもあります。内祝に相当する額を、香典返しに上乗せする方法もありますが、相手に意図が伝わりにくいため、別に返礼品を送るのが原則です。

メモ

状況に応じた返礼品の表書き

入院の場合（災害は返礼不要）

快気（之）内祝……基本

退院（之）内祝……退院したが完治ではなく療養がつづく場合に

御見舞御礼……退院内祝と同義、また文例のように亡くなった場合に

生前見舞志……亡くなった場合に

災害見舞いへのお礼の手紙

落ち着いた段階で報告を兼ねたお礼状を出します

火災の火元の場合

本人→知人

前略　このたびは、私どもの不始末でご心配をおかけし、まことに申しわけありませんでした。かろうじて発見が早く、大事には至りませんでしたが、近隣の皆様にも不安な思いをさせ、深く反省しております。

あと片づけや諸手続きをすませ、ようやく落ち着きましたのでご休心ください。

ごていねいなお見舞いをいただきながら、♥**ご報告と御礼が遅くなりましたこと、どうかお許しくださいますようお願い申し上げます。**

草々

マナー　不幸にして火元になった場合は、書状とともに「おわび」の無地短冊をかけた、あいさつの品を送る場合もあります。

義援金を贈られたお礼

本人→同期生

先日は、あたたかいお心づかいをいただきまして、ほんとうにありがとうございました。卒業して＊＊年もたつというのに、お心にかけていただき感謝しております。

自宅マンションは半壊状態となりましたが、復旧工事の予定も決まらず、不安な毎日を過ごしています。でも、皆様からのお気持ちを受け、冷え切っていた心がやさしいもので満たされていくのがよくわかりました。♥**有意義に使わせていただきます。**

本来ならば、おひとりおひとりにお礼を申し上げたいところですが、今回は、お世話をいただいた山崎さんから、皆様へくれぐれもよろしくお伝えください。

マナー　義援金の使途を報告する必要がありますが、未定のときは「有意義に」とします。

一筆箋・カードに向くショートメッセージ

面会できないときは、お見舞いの金品にひとこと添えて、病院や自宅へ届けましょう。

ご入院と伺い、心よりお見舞い申し上げます。時節柄、病院に伺うこともままならず、もどかしい思いです。一日も早いご快復をお祈りしております。

突然のことで驚きました。病院に問い合わせたところ、飲食物はお届けできないとのことで、ご趣味の本をお届けします。少しでも気分転換になればうれしいのですが。

このたびはたいへんでしたね。ただ、大事には至らなかったとのことで安堵しています。心身をゆっくり休める好機と思って、治療に専念してくださいませ。

おかげんはいかがでしょうか。手術の翌日からリハビリ開始とのこと、お疲れが癒されればと、甘味を少々お届けいたします。どうぞ、お大事になさってくださいね。

＊＊さんがいらっしゃらないと、職場がさびしく感じます。また元気なお姿にお目にかかれるのを心待ちにしています。しっかり療養して早く戻ってきてください。

このたびのご被災、皆様のその後を案じております。ご入り用のものなどありましたら、お送りいたしますので、お気軽にお申しつけくださいませ。

PART 8

葬儀・法要
お悔やみの手紙と
遺族からの手紙

コロナ禍で急増

葬儀に参列せず香典を送るときのマナー

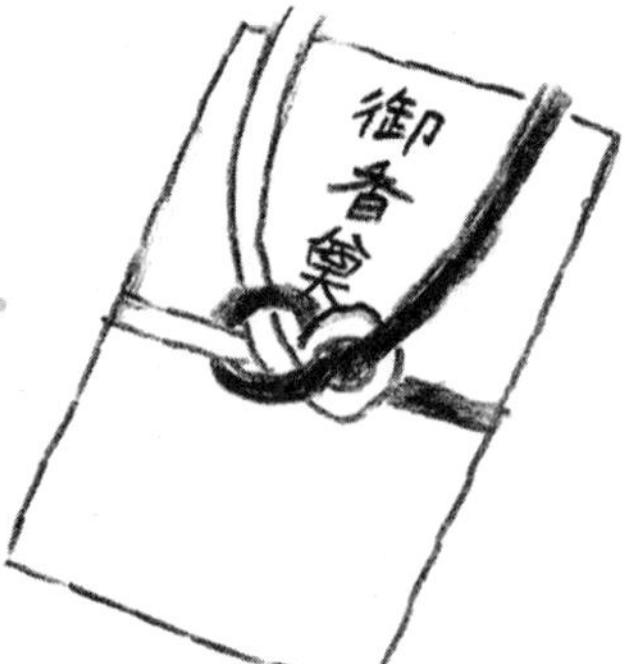

不祝儀袋

小さめサイズ（現金書留封筒に入るよう幅 13 ×高さ 20㎝以内が目安）を選ぶ。水引が印刷されている略式タイプで OK。

表書き

仏式葬儀なら「御香奠」が宗派を問わず使える。神式なら「玉串料」、キリスト教式なら「お花料」。

中包み

金額、自分の住所・氏名を書く。

お香典（現金）

個人名で送る場合は最低 5,000 円を目安に、故人との関係に応じた額を包む。

郵便局の窓口から「現金書留」で送る

①→④の順に準備するのが効率的です。

①不祝儀袋を準備する。

②袋に香典を入れる。

③お悔やみ状を書く。

④郵便局で現金書留専用の封筒を購入、②③を入れて封をし、窓口で所定の料金を支払う。

お悔やみ状

裏つき（二重）の封筒は用いない。便箋も1枚だけ（くわしくは213ページ）

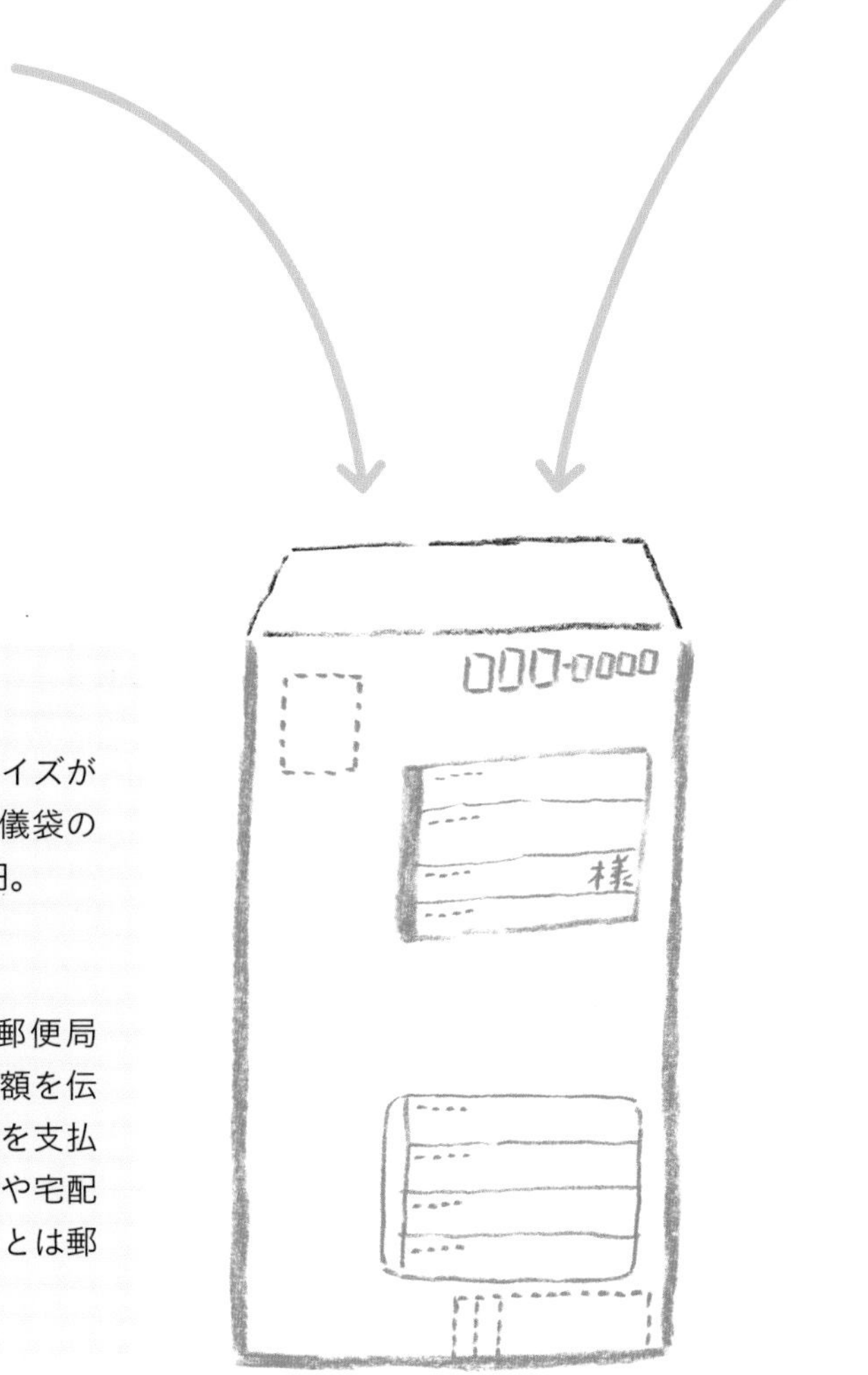

現金書留封筒

郵便局窓口で販売。サイズが2種類あるので、不祝儀袋の入る大型を購入。21円。

送り方

「現金書留」で送る。郵便局の窓口で、封入した金額を伝え、郵便代と書留料金を支払い郵送する。一般郵便や宅配便などで現金を送ることは郵便法違反になる。

「新しい生活様式」でのお悔やみ状のマナー

不祝儀袋の表書きは「なんのためのお金か」の説明をしているだけ

宗教別に、代表的な表書きを見てみましょう。

【仏式】御香奠・御香料→香の代金
【神式】玉串料・御榊料→玉串（榊）の代金
【キリスト教式】お花料→お花の代金
【各宗教】御霊前・御仏前→霊（仏）の前に

最後の「御霊前」「御仏前」を除けば、いずれも宗教ごとに用いられる「供物のためのお金として包みます」という意味です。そして、どの表書きにも「お悔やみを申し上げます」というメッセージは含まれていません。

郵送の場合は必ずメッセージを添える

葬儀に参列する場合は、遺族に直接お悔やみを述べるわけですから、手紙を添える必要はありません。参列せず、家族や知人にお香典を託す場合は、参列者が代表してお悔やみを述べていることになります。別途、遺族あてにお悔やみ状を送ればていねいですが、必須のマナーではありません。

しかし、昨今は、コロナ禍の影響もあり、近親者だけで見送る葬儀が激増しています。後日、不幸を知って、自分で香典を送る場合に、不祝儀袋だけを郵送するのは、単に「供物のお金ですよ」と送りつけていることになり、たいへんに失礼なことです。短くてもよいので、自筆のひとことを必ず添えましょう。

便箋は1枚、封筒は裏なしのものを使う

お悔やみ状の場合、便箋2枚以上にわたる手紙や、裏紙がついた二重の封筒は「不幸が重なる」という連想から、日本ではNGとされています。色柄ものの便箋・封筒も避けましょう。

また、弔事では、着物の合わせ方や包み方を通常とは逆向きにするというならわしもあります。和封筒は、もともとふたが下向きになるので問題ありませんが、洋封筒は左からふたをかぶせます（33ページも参照）。

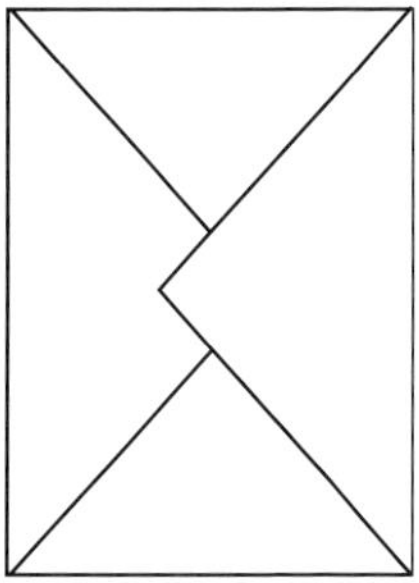

✕お悔やみ状ではNG

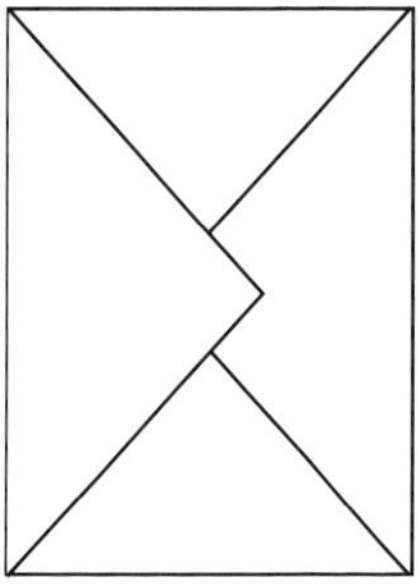

○通常とは逆向きに

忌み言葉も頭に入れておく

特定の場面では不吉なので使うのを避けたい言葉を「忌み言葉」といいます。また、状況によっては、ふさわしくない表現もあります。

✕重ね言葉（不幸が重なることを連想させる）

重ね重ね（残念です）／何度も（入院し）／もう一度（会いたい）／くれぐれも（ご自愛を）（入退院を）繰り返して　など

✕直接的な死の表現（遺族の悲しみを増す）

死去／死ぬ／早死に／急死／自殺　など

✕仏式葬儀以外ではふさわしくない表現

成仏／往生／供養／冥福／合掌／焼香　など

✕仏式葬儀にはふさわしくない表現

天国／空の上から／迷う／浮かばれない　など

✕遺族以外が使ってはいけない表現

天寿をまっとうした／大往生／寿命　など

お悔やみの手紙・基本ひな型

香典に同封するお悔やみの手紙

本人→知人

①頭語と結語

とるものもとりあえず書く手紙なので省きます。結語も不要ですが、仏式葬儀の場合は結語の位置に「合掌」と書くこともあります。

②時候のあいさつ ③安否のあいさつ ④感謝のあいさつ

急いで書く手紙なので前文は省き、驚きや悲しみの気持ちを率直にあらわす言葉から書き始めましょう。

相手の親が亡くなった場合、一般的には「お父（上）様」「お母（上）様」としますが、目上の相手への手紙や弔電を打つ場合には、より格の高い「ご尊父様」「ご母堂様」を用います。

書き出し（前文）

お母上様のご逝去のお知らせを受け、たいへんに驚いております。

入院加療中であることは伺っておりましたが、きっとご回復なさるものと信じておりました。ご家族様のご傷心はいかばかりかと、謹んでお悔

主文

やみを申し上げます。

❺ **近年はお目にかかる機会がありませんでしたが、お菓子作りがお得意で、いつも笑顔を絶やさなかったやさしい面影を思い出しております。**

本来ならばさっそく参上してお参りさせていただくところですが、遠方ゆえこちらで手を合わせることにさせていただきます。

ささやかながら、同封のものをご霊前にお供えくださいますようお願い申し上げます。

結び（文末）

ご家族の皆様は深い悲しみの中にあることと拝察いたしますが、どうぞご自愛ください。

❻ **心よりご冥福をお祈りいたします。**

5 用件（お悔やみと香典の送付について）

お悔やみの言葉は「＊＊様のご逝去を悼み、心よりお悔やみ申し上げます」が定番的に使われます。

ただ、オーソドックスな文章だと、礼節は保てますが、悲しみがストレートには伝わりません。故人と面識がある場合は、具体的な思い出にふれるなどして、偲ぶ気持ちをあらわします。

6 結び

「心よりご冥福をお祈りいたします」または「心より哀悼の意を表します」で結ぶのが基本です。

災害や事故で亡くなったときのお悔やみ状

本人⬇知人男性

このたびの＊＊豪雨により、奥様が犠牲になられたことを知り、いまだに信じられない思いでおります。

なぜ、よりによって奥様が、という不条理に、やり場のない怒りを覚え、⇆**ほんとうに残念でなりません。**

＊＊様のご無念を思うと、お慰めの言葉も見つかりません。ただ、ご悲嘆のあまり、＊＊様のご健康に障りがあっては、奥様もお悲しみになることでしょう。どうか、強い心で現実を乗り越えてくださることを願うばかりです。

お参りをさせていただきたいのですが、当方も家をあけることができず、まことに心苦しい限りです。

お悔やみの気持ちにかえ、心ばかり同封させていただきます。奥様のご霊前にお供えくださいますよう、お願い申し上げます。

謹んで奥様の安らかな眠りをお祈りいたします。

応用 忌み言葉は こんなふうに書きかえて

お悔やみ状では、次のような×表現（忌み言葉）を避け、○表現を用いましょう。

《繰り返しを連想させる言葉》

×返す返すも残念です。
○ほんとうに残念でなりません。
×くれぐれもおからだをお大事に
○どうぞ、おからだをお大事に

《死を直接的にあらわす言葉》

×お母さまがご死去とのこと
○お母さまがご逝去とのこと
×ご遺族のお悲しみはいかばかりか
○ご家族のお悲しみはいかばかりか

家族葬で弔問を控えたときのお悔やみ状

本人→知人

お母様がご逝去なさったと伺いました。心よりお悔やみを申し上げます。私どもは、お母様が生前ご活躍なさっていたコーラスサークルの者です。

ご家族だけでご葬儀をなさり、ご自宅への弔問もご辞退なさるとのことで、**伺うのは控えさせていただきました。****お母様らしい潔い旅立ちですね。**私どもも、皆お母様と同年代で、老いの旅支度に頭を悩ませておりますが、このたびのお母様のご決断に、大事なことを学ばせていただいたような気がしています。

ささやかながら、サークル仲間一同からの気持ちを同封させていただきますので、ご霊前にお供えくださいませ。

これまで長年のご厚誼に深く感謝いたします。

謹んでお母様のご冥福をお祈りいたします。

コーラスサークル＊＊一同より

マナー　近親者で見送ると言われたら弔問はしない

広い範囲に知らせず、近親者のみで見送る家族葬（小規模葬）がふえています。遺族は、知らせた範囲の人数で葬儀の準備を進めていますから、「近親者で見送る」という断りとともに訃報を受けたときは、あえて伺わないのが現代のマナーです。

注意点　「参列できず残念」というネガティブな表現は慎んで

参列を控えた側は「最後のお別れをきちんとしたかった」という思いが残ることでしょう。

しかし、残念な気持ちをそのままあらわすことは控え、故人または遺族の意向を尊重して文面をととのえます。

若くして亡くなったとき

本人→友人

ご主人様が急逝なさったとのお知らせを伺い、耳を疑いました。

あまりにもむごいことで、＊＊様の深すぎるお悲しみを思うと、お慰めの言葉も見つかりません。

すぐに駆けつけたいところですが、どうしても都合がつかず、失礼させていただきます。どうぞお許しくださいませ。

ご主人様のご霊前にお供えいただければと、心ばかり同封させていただきます。

さぞ、お力落としのことと思いますが、お子様のためにも、⚠**お気持ちを強く持ってください。**

ご冥福をお祈りいたします。

注意点
「元気を出して」「がんばって」などの安易な励ましの言葉は控えます。

自死のとき

本人→故人の家族

あまりにも突然のご訃報に接し、驚きました。謹んでお悔やみを申し上げます。

私は、ご主人様の高校の同期生で、卒業後も年に一度は会い、親しくさせていただきました。

実は、⚠**まだ信じられない、信じたくない気持ちでおります。**昨年お会いしたときは、いつもと変わらぬようにお見受けしておりました。胸が締めつけられる思いです。

♥**心ばかりですが、同封のものをお納めくださいますようお願い申し上げます。**ご家族様のご心痛はいかばかりかと拝察いたしますが、どうかご自愛ください。

心より哀悼の意を表します。

合掌

注意点
死因についてふれる必要はありません。

マナー
身内だけで葬儀を行った場合は、参列できないおわびの言葉を省きます。

神式葬儀のとき

本人→知人

奥方様**ご帰幽**の報に接し、心からお悔やみを申し上げます。

入院ご加療中とは伺っておりましたが、まことに残念なことでございます。

ご家族様の心中お察し申し上げます。

本来ならば、ご葬儀に伺いまして**拝礼**させていただくべきところ、どうしても家をあけることができず、こうして心ばかりの物をお届けすることにいたしました。

御霊のご平安をお祈り申し上げます。

注意点

神式では、死を「帰幽」としますが、宗教を問わずに使える「ご逝去」でもかまいません。また「焼香」は使わず、「拝礼」にします。

応用

「御霊の安らかに鎮まり給うことをお祈り申し上げます」とも。いずれにせよ「冥福」は仏教用語なので使わないことです。

キリスト教式葬儀のとき

本人→知人

ご主人様**ご逝去**のお知らせを受け、ただ驚いております。突然のことで、言葉が見つかりませんが、お世話になったことや、ともに過ごした時間のことなどを、静かに思い出しております。

遠方におりますため、ご葬儀に参列することがかなわず、心苦しく存じます。

同封の品、心ばかりではございますが、ご霊前にお手向けくださいますようお願い申し上げます。

ご主人様の安らかな眠りをお祈りいたします。

注意点

「死」の表現は、キリスト教の教派により「昇天」「召天」「帰天」「永眠」など異なります。不明のときは「逝去」が無難です。

マナー

「安らか」であることを祈るのが基本です。

不幸をあとで知ったときの手紙

訃報を受けていなくてもお悔やみは伝えます

家族葬を後日知ったとき

本人→知人

お父上様がご逝去とのこと、本間さんから伺いました。心よりお悔やみを申し上げます。

お父様には、私の父の葬儀の際、あたたかい慰めのお言葉をかけていただいたことを思い出します。

ご家族様もお寂しくなることでしょうが、どうぞご自愛ください。

ご霊前にお供えいただきたく、心ばかり同封させていただきます。

心よりご冥福をお祈りいたします。

マナー

身内だけの家族葬がふえ、葬儀後に不幸を知るケースが多くなりました。一般葬で知らせを受けていれば、参列したであろう相手なら、お香典を送るのが一般的です。

喪中欠礼で不幸を知ったとき

本人→友人

お父様がご逝去とのこと、本日、欠礼のごあいさつをいただき、驚きました。**お悔やみも申し上げないまま今日にいたりまして、たいへん失礼をいたしました。**あらためて、心よりご冥福をお祈りいたします。

これまでに過ぎた月日が、少しでも＊＊様のお慰めになっていればと案じております。

お寂しい年の暮れと存じますが、どうぞご自愛ください。

マナー

知っていれば葬儀に参列した、という間柄なら、ハンカチなど相手の負担にならない小さな贈り物をするのもよいでしょう。お香典を送ると、相手に返礼の気遣いを与えてしまいます。

注意点

すでに忌明けしている場合（または命日が10月以前）に向く表現です。

一筆箋・カードに向くショートメッセージ

お香典を郵送する場合などに適した、短いお悔やみの表現をご紹介します。

お父上様のご逝去を悼み、つつしんでお悔やみを申し上げます。心ばかりのものではございますが、ご霊前にお供えくださいますようお願い申し上げます。
合掌

ご尊父（ご母堂）様ご逝去の報に接し、つつしんで哀悼の意を表します。遠方ゆえ参列がかないませんが、ご霊前にお供えいただければと、同封させていただきます。

突然の悲報に、たいへん驚いております。ご家族の皆様のお悲しみはいかばかりかと存じます。ご霊前にお供えいただければと気持ちばかり同封させていただきます。

悲しいお知らせに、呆然としております。ありし日のお姿を偲びながら、遠方より手を合わせております。心よりご冥福をお祈りいたします。

お母上様のご訃報に接し、心よりお悔やみを申し上げます。ご霊前に手向ける香にかえて、ささやかな気持ちを同封いたしますので、よろしくお願い申し上げます。

お母上様がお旅立ちになったとのこと、心よりお悔やみを申し上げます。長いご介護生活を存じているだけに、あなたの悲しさと寂しさを案じております。

遺族が出す手紙・印刷物の時期と範囲

会葬礼状

いつ
通夜、葬儀の当日

だれに
会葬者全員

何を
会葬していただいたお礼

どのように
・印刷し、会場受付で返礼品とともに手渡す
・「当日返し」の方法をとる場合は、香典返し品とともに手渡す

文例
225ページ

お悔やみへのお礼状

いつ
葬儀後、お悔やみを受けるごとに

だれに
葬儀に参列せず、香典や供物を贈ってくれた人に

何を
お悔やみをいただいたお礼

どのように
お礼状として郵送する

文例
231ページ

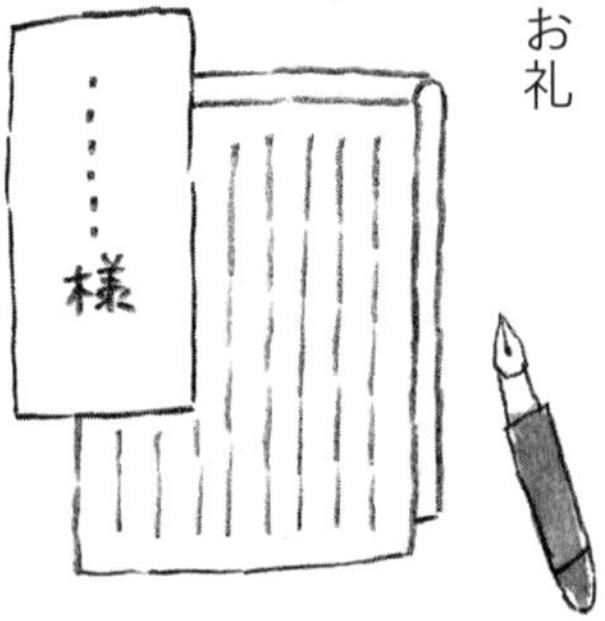

忌明けあいさつ状

いつ

四十九日法要後

だれに

香典や供物をいただいた方。
「当日返し」を行った場合は、
高額の香典をいただいた方にだけ

何を

四十九日法要を営んで忌明けした報告と、
弔慰へのお礼

どのように

巻紙またはカードに印刷して、一般には
「御挨拶」と表書きした封筒に入れ、
香典返しの品とともに宅配

文例

232ページ

喪中欠礼

いつ

11月上旬〜12月中旬
（年末に不幸があったときは翌年1月8日以降）

だれに

年賀状をやりとりしている相手に

何を

喪中のため年賀のあいさつを
控えることを知らせる

どのように

はがきに印刷して郵送

文例

241ページ

会葬礼状の基本マナーを把握します

会葬礼状は、通夜や葬儀に参列してくださった方へのお礼状です。

左ページのような葬儀社のサンプル文例を利用する人が多いのですが、近年ふえている「当日返し」（葬儀当日に香典返しを渡す方法）を行う場合、後日参列者から「香典返しが届かない」と不審に思われることがあります。そのようなトラブルを防ぐため「通夜・葬儀で渡した品が香典返しである」という断りを入れることをおすすめします。

どのような会葬礼状を作りますか？

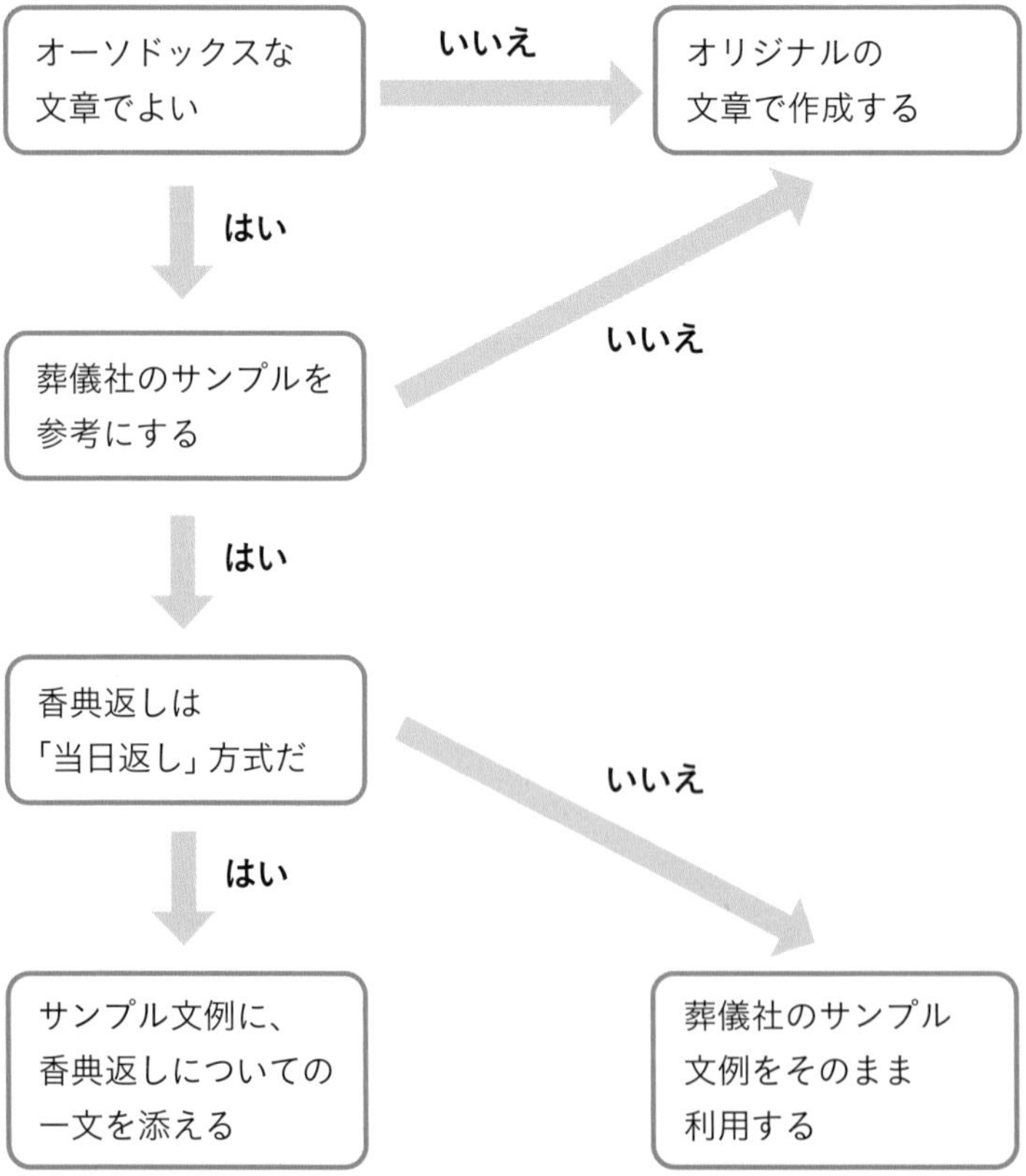

会葬礼状のサンプル文例

返礼品の箱に、はがきサイズのカードをさし入れるか、二つ折りカードを封筒に入れて渡します。

❶謹啓　❷亡父　○○儀　葬儀に際しましては　ご多忙の中
❸ご会葬いただき　ご丁重なるご弔慰を賜り　厚く御礼申し上げます　❹ここに生前のご厚情を深謝し　略儀ながら書中をもちまして御礼のごあいさつを申し上げます
謹白❶

❺令和○年○月○日
❻東京都千代田区神田駿河台○―○
❼喪主　○○○○
外　親族一同

❾家紋

❽なお　本日の返礼品をもって香典返しにかえさせていただきます

会葬礼状の基本構成

❶**頭語・結語**……省く場合もあります。

❷**喪主から見た続柄と故人の名前**……戒名（宗派により法名・法号）を添える場合もあります。

❸**会葬と香典へのお礼**……香典については「ご弔慰」「ご芳志」などとぼかした表現にします。

❹**生前お世話になったお礼**

❺**日付**……通常は、葬儀告別式の日付にします。

❻**住所**……喪主の自宅住所を記します。

❼**差出人**……必要に応じて、世話人代表（葬儀委員長）→喪主→遺族→親族代表→外親族一同などと並列します。

❽**香典返しについての断りの一文**

❾**家紋**……必須ではありませんが、入れる場合は事前に確認しておきます。

会葬礼状のオリジナル文例

参列者への感謝の言葉を忘れずに

喪主→列席者

列席者へのお礼を主体に

父　○○○○は、令和○年○月○日、80歳で母○○のもとへと旅立ちました。

5年前、母に先立たれたときの父の悲しみは、切ないほどに深いものでした。しかし、ご友人たちに励まされて旅行に出かけるなど、徐々に気持ちの張りをとり戻しつつありました。そんな矢先、**大きな病を得たわけでございます**。入院中も、たくさんの方にあたたかいお見舞いをいただき、父もたいへんに喜んでおりました。

もっと長生きしてほしかったという無念さはありますが、**空の上で待っている母と**、また仲よく暮らせるのだろうと思うことが、私どもの慰めになるような気がしております。

これまでお世話になりました皆様に、父になりかわり心からの御礼を申し上げます。

ご会葬、まことにありがとうございました。

ポイント
どんなとき、どんなことがありがたかったのかを具体的に記すと、心の通うお礼状になります。文章も、目の前の相手に語りかけるつもりで、平易な話し言葉を用いるほうが、オリジナルの礼状には向いています。

注意点
病名は正確に書かなくてもよい
「がん」「腫瘍《しゅよう》」などの文字は痛々しい印象を与えます。

メモ
「天国」よりは「空の上」
「天国」はキリスト教の考えにもとづく言葉です。仏式葬儀で用いる場合は、一般的な表現におきかえます。

故人の好きな俳句を引用して

喪主→列席者

ポイント
故人が生前好きだった俳句や名言をモチーフにした、印象的なお礼状。その句や名言をタイトルにするのもよいでしょう。

母　○○○○は、令和○年6月○日、87年の生涯を静かに閉じました。

控えめながら芯の強い母でした。小さな会社を営んでいた父を経理の面で支え、「会社があるのは○○夫人のおかげ」とよく言われたものです。

仕事を退いてからは、学生時代のご友人に誘われて、俳句をたしなむという、よい趣味にも恵まれました。

「六月を　奇麗な風の　吹くことよ」

生前の母が、いちばん好きだと言っていた正岡子規の句です。はからずも、この句のとおり、緑あふれる6月に母は風になりました。姿は見えなくても、これからずっと私たちを見守っていてくれることでしょう。

生前母に賜りましたご厚情に、心より御礼を申し上げます。

本日のご会葬、まことにありがとうございました。

メモ
俳句や名言を引用するときは

文例で引用した句は、正岡子規が、肺結核で闘病中に作ったものです。しかし、句そのものはわかりやすく、すがすがしさを感じさせます。俳句や名言を引用するときは、解釈が難解なもの、暗いイメージのものは避けるほうがよいでしょう。

注意点
参列者への感謝を忘れずに

故人のエピソードや遺族の思いばかりを記す「自己満足」の文章にならないよう、感謝の気持ちで結びます。

神式葬儀の場合

喪主→会葬者

謹啓　**亡夫＊＊＊＊　大人命　葬場祭に際しましては**　ご多忙中にもかかわりませずご拝礼いただきまして　まことにありがとうございました　さらにお心のこもったご弔慰をいただきましたこと　厚く御礼を申し上げます
早速**拝趨**のうえ御礼を申し上げるべきところ　略儀ながら書中をもちまして御礼を申し上げます

謹言

（日付・喪主住所・喪主名など）

マナー

神式では、葬儀のことを「葬場祭」といいます。また、焼香ではなく玉串奉奠をして拝礼を行います。

メモ

「拝趨《はいすう》」とは、相手のところへ出向くことの謙譲表現。「本来ならあいさつに参上すべきところ手紙で失礼します」という意味で、あらたまったお礼状などに用いられます。

無宗教の場合

喪主→会葬者

亡夫＊＊＊の「お別れの会」に際しましては、お忙しい中ご参列いただき、まことにありがとうございました。
そのうえ、皆様から心のこもったお慰めをいただき、謹んで御礼を申し上げます。
「大好きなモーツァルトの曲に送られて旅立ちたい」という**故人の強い遺志によりまして、**このようなお別れの席にさせていただきました。あたたかいご理解を賜ればありがたく存じます。
生前、故人がお世話になりましたこと、あらためて心より御礼を申し上げます。

（日付・喪主住所・喪主名など）

メモ

無宗教葬儀の場合は、句読点を用いて、かた苦しくない文章にするのが自然です。

マナー

理由は「故人の遺志」と簡潔に説明します。

故人の人柄を伝えて

喪主→会葬者

本日は、父＊＊＊のためにお参りいただき、まことにありがとうございました。

享年七十二。もっと長生きしてほしかったという思いは尽きませんが、「生涯現役」が目標の父でしたから、♥**その夢をまっとうできたことを、慰めにしております。**

ひとことで、父をあらわせば――。

家族がそれぞれ口にしたことを列挙します。誠実。ブレない人。頑固。うそが嫌い。社交的。ポジティブ。酔うと話が長い。

皆様のお心の中には、どんな父が描かれているでしょうか。実は寂しがりやでもあった父ですので、時折思い出していただければと存じます。生前親しくしていただいた皆様に、心より御礼申し上げます。

マナー
読んだ人が「救い」を感じる表現にします。

故人への感謝をタイトルに

喪主→会葬者

母さん、幸せをありがとう

料理じょうずで、人をもてなすのが好きな妻でした。私の現役時代は、自宅に若い後輩を招いて「おふくろの味」をふるまったものです。皆「母さん」と呼んで、慕ってくれていました。「母さん」と呼ぶと、いつも「はーい」と明るい声が返ってきました。もう、その返事が聞けないという事実に愕然とします。

母さん、いままでありがとう。

そして、お世話になった皆様へ、妻にかわりまして心より感謝申し上げます。

本日はご多用中ご会葬いただき、まことにありがとうございました。

メモ
「故人への感謝」「会葬者への感謝」をあらわすタイトルをつける方法もあります。

家族葬で見送る事情を説明

喪主→列席者

❤本日は、亡母○○○○のためにお越しいただきまして、まことにありがとうございます。

母の遺した言葉によりまして、このたびは、ごく親しい方だけにお知らせしての見送りとさせていただいております。

母の晩年の、いわゆる「終活」は、それは見事なものでした。80歳を迎えました年末に「身辺についても大掃除の潮時」と申しまして、年賀状の卒業を知人友人の方へ宣言し、冠婚葬祭についても以後ご無礼する旨をお知らせしたのです。

皆様には「そういう時代なのね」とあたたかいご理解をいただき、母もたいへん喜んでおりました。

自分の人生にきちんとけじめをつけることのできた母を、誇らしく思っております。どうか、母の静かな旅立ちを見守ってくださいますようお願い申し上げます。

生前お世話になった皆様に心より御礼申し上げます。

ポイント

故人の強い遺志が働いている場合は、家族葬形式に至った経緯を説明します。

マナー

家族だけなら礼状は不要

家族葬は、現実には「家族同様に親しかった人だけに知らせる50人以下程度の小規模葬儀」をさします。

会葬礼状については、

①一般葬同様に礼状を作成

②家族葬に至る経緯を説明

（この文例のケース）

③礼状は作成しない

という3方法が考えられ、ほんとうに家族だけなら口頭でのお礼でかまいません。

香典を送ってくれた人へ

喪主→知人

このたびは、お心のこもったお悔やみの手紙を頂戴いたしまして、まことにありがとうございました。

そのうえ、過分なお心づかいをいただき、恐縮しております。さっそく霊前に供え、父に報告いたしました。

中村様のお名前は、実は父からよく聞いておりました。

中村様の赴任先の名古屋に父がお訪ねしたこと、あるいは、中村様がご出張の折に、当地で旧交をあたため合ったことなど、高校を卒業後も長きにわたり深い絆で結ばれている様子をうらやましく感じていたものです。

中村様のような一生の親友を持てましたことは、父にとってたいへん幸せなことでした。生前、お世話になりましたことにあらためて心より御礼申し上げます。

中村様のご健勝をお祈りいたしまして、まずは御礼のみにて失礼いたします。

ポイント
相手と故人との関係の中で、印象に残ることなどを書くと、「紋切り型」ではない心の通う手紙になります。

メモ
時候のあいさつは不要

お悔やみ状と礼状では、用件から書き始めます。

マナー
相手の名前を行末にしない

手紙を書くときは、敬意をあらわすため、相手の名前が行末にならないよう、また自分側をさす「私」「父」などが行頭にならないように調整します。

遺族からの忌明けあいさつ状・基本ひな型

サンプル文例をアレンジした忌明けあいさつ状

本人⬇香典をいただいた方

1 頭語と結語

儀礼的なあいさつ状なので、「謹啓」「謹言（謹白／敬白）」を用います。オリジナルで文章を作成する場合は省略してもかまいません。

書き出し（前文）

主文

謹啓❶
❷❸❹**このたび　父＊＊＊＊が永眠の際には**　お心のこもったお悔やみと　ご厚志を賜りまして　まことにありがとうございました　❺**本日**
＊＊院＊＊＊＊（戒名・法名・法号）
七七日忌の法要を営むことができました

2 時候のあいさつ
3 安否のあいさつ
4 感謝のあいさつ

冒頭のあいさつは、文例のように省いてかまいません。入れるとすれば「時下（または＊＊の候、）ますますご清祥のことと存じます」と一文でまとめます。忌明けしたとはいえ、慶事の手紙ではないので「〜とお喜び申し上げます」という文末はふさわしくありません。

結び（文末）

つきましては　供養のしるしまでに　心ばかりの品を　お届け申し上げます　どうぞお納めくださいますよう　お願い申し上げます

❻ **お目にかかりまして**　親しくごあいさつを申し上げるべきところ　まことに略儀ではございますが　書中をもちまして御礼を申し上げます

❶ 謹言

❺ **用件**（忌明けあいさつと香典返し送付）

❻ **結び**

下のサンプル文の構成のまま、表現だけを平易にしたのが右の文例ですが、それだけでわかりやすく親しみのこもったあいさつ状になります。

一般的なサンプル文例（仏式）

謹啓　先般　父＊＊＊が永眠の際には御丁重なご弔詞とご厚志を賜り　まことにありがたく厚く　御礼を　申し上げます　本日
＊＊院＊＊＊（戒名・法名・法号）
七七日忌の法要を相営みましたので　供養のしるしに　心ばかりの品を　お届け申し上げます　どうぞ御受納くださいますようお願い申し上げます
早速拝趨《はいすう》のうえ　ごあいさつ申し上げるべきところ　まことに略儀ではございますが　書中をもちまして御礼を申し上げます

忌明けあいさつ状のアレンジ文例

葬儀の形式に合わせて調整を

喪主→列席者

神式の場合のあいさつ

謹啓　先般　父○○○○帰幽の際には　ご多忙中にもかかわらず
ご懇篤なるご弔詞をいただき　そのうえご芳志まで賜りまして
まことにありがたく　厚く御礼を申し上げます
おかげをもちまして　本日
五十日祭を滞りなくすませました
つきましては　皆様に謝意を表したく
心ばかりの品をお届けいたします
どうぞお納めくださいますようお願い申し上げます
早速拝眉のうえ親しく御礼申し上げるべきところ
略儀ながら書中をもちましてごあいさつ申し上げます
敬白

＊月＊日

○○○○

ポイント

文章の構成の仕方や、巻紙に薄墨印刷する方法が主流である点は、仏式の場合と同じです。神式では、10日ごとに霊祭と呼ばれる神事を行い「五十日祭」を忌明けとします。

メモ

死去することは「帰幽」とあらわす

神道の考え方では、人は神々と祖先の恵みによって現世《うつしよ》に生まれて生活し、死後の御霊《みたま》は幽世《かくりよ》に帰り、やがて祖先の御許《みもと》に帰りつくとされています。そのため、人が亡くなることを、幽世に帰る「帰幽」と表現するのです。

キリスト教式の場合のあいさつ

喪主➡知人

過日、父○○○○の葬儀に際しましては、皆様よりあたたかいお言葉をいただき、まことにありがとうございました。家族一同、深く感謝いたしております。

本日、節目にあたりまして、諸式を滞りなく行いました。つきましては、霊前にお寄せいただきましたご芳志に対し、ささやかな御礼のしるしをお贈りいたします。どうかご受納くださいますよう、お願い申し上げます。

本来であれば、皆様おひとりおひとりにお目にかかり御礼を申し上げるべきところですが、まずは略儀ながら書中をもちましてごあいさつとさせていただきます。

皆様のご健勝をお祈り申し上げます。

*月*日

○○○○

ポイント
冠婚葬祭の儀礼的な文書は、句読点なしでととのえるのが一般的です。句読点は、明治時代に「子どもなどのために、文章を読みやすくする」目的で使われるようになった記号で、格式のある文章にはそぐわないとされてきました。しかし、これは絶対的なルールではありません。やわらかい文面にしたいときは、通常どおり句読点をつけるほうが自然です。

メモ
宗教色を強く出したくないときは

「香典返し」「忌明け」という考えはキリスト教にはありません。それでもあえて、日本の慣習にならって行うのであれば、「召天」「帰天」を「葬儀」とするなどして宗教色を薄めた表現でまとめるのもひとつの方法です。

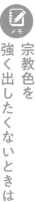

無宗教葬儀・直葬の場合のあいさつ

喪主→列席者

謹啓

先日は、亡妻○○○○の旅立ちに際しまして、ごていねいな慰めのお言葉とご芳志を賜りまして、まことにありがとうございました。

おかげさまで、⇄諸事万端を滞りなくすませることができました。

つきましては、ご厚情への感謝をこめまして、心ばかりの品をお届け申し上げます。どうぞお納めくださいますよう、お願いいたします。

生前のご厚誼にあらためて心より御礼申し上げます。

書面にて失礼ではございますが、まずはお礼とごあいさつを申し上げます。

敬白

*月*日

○○○○

ポイント

火葬だけで見送る「直葬《じきそう》」の場合、葬儀は行わないので、通常は会葬礼状を作成しません。しかし、後日、香典や供物が届いたときは、きちんと返礼のごあいさつをしたいものです。

応用

宗教的節目を示す表現は「諸事」におきかえて

四十九日の忌明け法要など、宗教的なことを行わなかったときは「諸事（万端）」という表現を用いるとよいでしょう。

マナー

カードに印刷する方法も

あいさつ状は、奉書紙に薄墨で印刷するのが古くからのならわしですが、近年はカードに黒色インクで印刷する方法もふえています。無宗教葬儀などには、後者のほうがマッチするでしょう。

家族葬で見送ったとき

喪主→知人

このたび亡妻○○○○の永眠に際しましては、お心のこもったご弔慰を賜りまして、まことにありがとうございました。あたたかいお気持ちに、家族一同、深く感謝しております。

「人様にご迷惑をかけたくない」というのが、生前の妻の口癖でした。その気持ちをくみ、あえて皆様に広くお知らせせず、近親の者で見送ることにした次第です。お知らせが行き届かなかった失礼を、遅ればせではございますが、**心よりおわび申し上げます。**

＊月＊日に、四十九日の法要を無事に営みました。

つきましては、心ばかりの品をお贈り申し上げます。どうかご受納くださいますよう、お願いいたします。

本来であれば、**お目にかかりまして**感謝の気持ちをお伝えすべきところですが、書中をもちまして、お礼かたがたごあいさつ申し上げます。

ポイント

家族葬の場合、あとで不幸を知った人から、ポツポツと香典や供物が届くことがあります。お礼をし忘れることのないよう、リストを作っておきましょう。

マナー

おわびモードにととのえて

家族葬の場合「知らせてほしかった」と思う人も多いので、連絡しなかったことをわびる表現を盛り込みます。

応用

「拝趨」「拝眉」を平易にするだけでもソフトな印象に

サンプル文例でよく使われているのが「拝趨（先方へ出向くことの謙譲語）」と「拝眉（相手に会うことの謙譲語）」です。日常的な表現ではないので、オリジナルのあいさつ状では「お目にかかり」などとするのがよいでしょう。

香典の一部を寄付するとき

謹啓

先般夫○○○○永眠の際には、ご丁重なご弔詞とご厚志を賜り、心より御礼を申し上げます。おかげさまで、本日、七七日忌法要を無事に営むことができました。

本来であれば、供養のしるしの品をお届け申し上げるところでございますが、ご芳志の一部を寄付することで♥**返礼にかえさせていただきたく存じます。**まことに勝手ではございますが、故人の強い遺志によるものですので、皆様にはあたたかいご理解を賜りますよう、伏してお願い申し上げます。

なお、夫が生前からその活動を支援し、このたびの寄付を行いました公益社団法人＊＊＊様より📝**受領状が届いておりますので、**併せてご高覧いただければと存じます。

参上し、お目にかかりましてご説明と御礼を申し上げるべきところ、まことに略儀ではございますが、書中をもちましてごあいさつとさせていただきます。

謹言

ポイント

勝手に寄付したと思われないよう、ていねいに事情を説明します。「故人の遺志により」「生前から関係していた」「公的団体」という3つの要素を満たしていれば、理解が得やすくなるでしょう。

マナー

プリペイドカードなどを同封すればていねい

書状に添えて1000円程度のカードを同封すれば、受けとった相手も納得しやすいものです。

メモ

寄付先の受領証や礼状を同封しても

寄付先の団体によっては、故人の名前や寄付金の使いみちを盛り込んだ、専用の感謝状を発行している場合もあります。

香典返しを行わないとき

喪主→知人

過日、夫○○○○永眠の際には、お心のこもったお悔やみの言葉とご厚志を頂戴し、まことにありがとうございました。

あまりに急な旅立ちで気持ちが乱れており、皆様に十分なお礼も申せませんでしたことをおわび申し上げます。

早いもので、このたび四十九日を迎えました。亡夫の郷里でささやかな法要を営み、いまは＊＊海の見える墓所で、夫の祖父母とともに静かに眠っております。

本来であれば、⚠**供養のしるしをお届けすべきところですが**、まだ子どもたちは小学生で、将来を考えますと心もとない思いをしております。つきましては、まことに手前勝手ではございますが、皆様のご芳志を子どもたちの養育にあてさせていただくことをお許しくださいますようお願い申し上げます。

今後は、子どもたちの成長を心の糧に歩んでまいります。

♥**皆様には変わらぬご指導のほどをお願い申し上げます。**

ポイント
一家の働き手を亡くし、子どもが小さい場合は、香典返しをしないことも許容されやすいものです。ただ、あくまでも謙虚な姿勢を忘れずに文面をととのえます。

注意点
香典返しをしないことへの違和感は意外に根強い

香典（やお祝い）にはお返しがつきものと考える人は多く、事情はともあれ「お返しが来ない」ことを、礼儀に欠けると不快に思う人もいます。地域の慣習や会葬者の年齢などを加味して、返礼の仕方は慎重に考えたいものです。

マナー
あいさつ状への返信は不要

忌明けあいさつ状や香典返しに対しては、「不幸を返さない」という意味で、お礼や返事をしないのがならわしです。

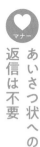

喪中欠礼の基本マナーを把握します

喪中とは「喪に服す期間」の意味で、この期間は、年賀状などおめでたいことを控えるのがしきたりです。しかし、小規模な家族葬がふえた現在は、考え方も変わってきています。

喪中欠礼か年賀状か

家族葬など、広い範囲に不幸を知らせていない場合は、仕事関係者・不幸を知らない友人知人には年賀状、親族には喪中欠礼と2種類を作成する人がふえています。

喪中の期間

現在は、不幸があった年には翌年の年賀状を控えるのが一般的です。本来、喪中期間は故人との関係によって異なるとされますが、その目安としているのが明治時代の法令のため、現代社会にはそぐわない面もあります。

喪中の範囲

配偶者、父母、子のほか、図に示した範囲で不幸があったときには欠礼状を出すのが一般的です。ただし、決まったルールはないので「悲しみが深ければ年賀状は出さない」と柔軟に考えればよいでしょう。

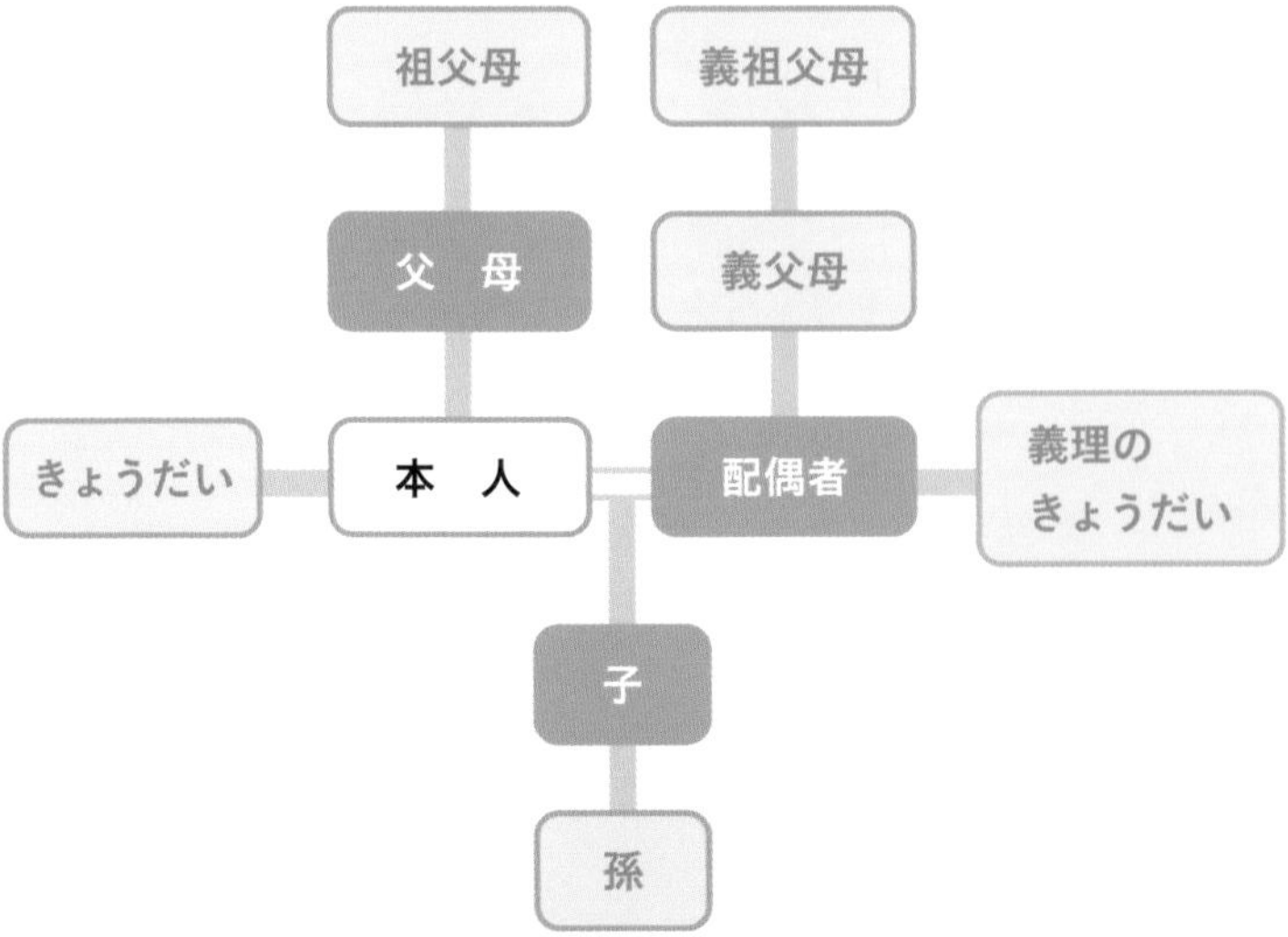

喪中欠礼のサンプル文例

私製はがきに弔事用の切手を貼って出すのがていねいですが、郵便はがきを使ってもかまいません。

❶喪中につき　年始のごあいさつを
控えさせていただきます
❷＊月＊日父○○○○が享年八十で他界いたしました
❸生前賜りましたご厚情に感謝いたしますとともに
❹明年も変わらぬご交誼のほどをよろしくお願い申し上げます
❺令和＊年冬
住所
差出人名

喪中欠礼の基本構成

「年末年始」ではなく「年始」「年頭」だけにするのが正式

❶**欠礼のあいさつ**……印刷所などのサンプル文例では「年末年始」と記してあるケースも多いのですが、年末のごあいさつ（お歳暮など）は喪中に行ってもよいので、年賀状や年賀のあいさつなどのおめでたいことを控えるという意味で「年始」または「年頭」とします。

❷**喪中の報告**……命日、続柄、故人の名前、享年。通常、死因にはふれません。

❸**生前お世話になったお礼**

❹**今後につなげるあいさつ**

❺**日付**……「＊日」までは記さず、「11（12）月」「冬」などの表記にするのが一般的です。

喪中欠礼のオリジナル文例

投函の時期に合わせて表現をアレンジ

家族葬で見送ったとき（年末／年始）

喪主➡列席者

ポイント

家族葬では、欠礼状によって不幸を知る人が多いので「故人の遺志による」「お知らせが行き届かず失礼」の2点を添えます。

【年末に出す場合・欠礼あいさつのあとに】

＊月＊日に母○○（享年＊＊）が永眠いたしました　さっそくお知らせすべきところでしたが　故人の遺志により　葬儀は身内だけでとり行いました　お知らせをさし上げなかった失礼をお許しください

生前に賜りましたご厚情に深く感謝いたしますとともに　明年も変わらぬご厚誼のほどをよろしくお願い申し上げます

【年始（8日以降）に出す場合・寒中見舞いあいさつのあとに】

お年始状をいただき、**ありがとうございました**。実は、昨年＊月＊日に母○○が永眠いたしました。

故人の遺志により身内だけで葬儀はとり行いましたため、お知らせをさし上げなかった失礼をお許しください。

生前に賜りましたご厚情に深く感謝いたしますとともに、本年も変わらぬご厚誼のほどをよろしくお願い申し上げます。

注意点

「年賀状」ではなく「年始状」

「年賀」は新年を祝賀するというおめでたい意味なので避け、「年始状」とします。

応用

句読点をつけてもよい

喪中欠礼は儀礼的な文書なので、句読点をつけないのが一般的です（くわしくは235ページ）。しかし、年始に寒中見舞いの形でお知らせするなら、通常の手紙のように句読点をつけてもかまいません。

妻の親が亡くなったとき

喪主→会葬者

*月*日、妻の父○○○○が*歳で永眠いたしました
平素のご芳情に心より御礼を申し上げますとともに
明年も変わらぬご厚誼のほどをよろしくお願い申し上げます
令和*年12月
伊藤大輔
美咲

妻の親が亡くなったときの対応の基本

▼年賀状を夫婦連名で出していたとき→喪中欠礼を出す。
▼年賀状を夫・妻それぞれの個人名で出していたとき→妻は喪中欠礼。夫は個人で判断（年賀状を出す例も多い）。
※パソコンで作成するなら、親族には喪中欠礼、故人と面識がない人には年賀状、などと作り分ける方法も考えられます。

マナー

「妻」が行頭にならないように調整しましょう。日付から始めれば、さりげない文面になります。

年末に不幸があったとき

喪主→会葬者

寒中お伺い申し上げます
ごていねいなお年始状をいただきまして、ありがとうございました。実は、昨年12月20日に父○○が*歳で他界いたしましたので、年始のごあいさつを控えさせていただきました。連絡が行き届かず、失礼のほどどうぞお許しください。厳しい寒さがつづきますが、どうぞご自愛くださいますようお祈りいたしております。

12月に不幸があったときの対応の仕方

年賀状の受付開始（例年12月15日ごろ）を目安に考えます。
▼12月上旬の不幸→10日までに投函できるなら喪中欠礼。
▼12月中旬～下旬の不幸→翌年の松の内（7日まで）が過ぎてから、寒中見舞いの形でごあいさつをする。

メモ

「見舞う」には特に尊敬の意味がないので、「寒中お伺い」とするとていねいです。

法要の機会と案内に関するマナー

コロナ禍により家族だけで営むケースもふえている

仏式の法要は四十九日または命日の当日に営むのが本来の方法です。招待する人が集まりやすい休日に設定したい場合は、命日より繰り上げて営むのがしきたりになっています。寺院と相談して日程を決めましょう。案内状は、返信用はがきを同封して送付します。少人数の近親者で営む場合は、電話連絡でもかまいません。

ただ、最近は、新型コロナウイルス感染拡大防止の観点から、人を招いての会合・会食を避け、家族だけで営むことも多くなっています。その場合は、本来招待するはずだった範囲の人へ、あいさつ状を送るとよいでしょう（文例は248ページ）。

法要に出席できないときはお供物料に手紙を添えて送る

法要に出席する場合は、金封やお供え物を持参します。金封は黒白（地域により黄白）の水引の不祝儀袋を用い、表書きを「御供物料」または「御仏（佛）前」「御香料」とします。

案内を受けたものの欠席せざるをえないとき、また、コロナ禍などにより家族で営む旨の知らせを受けたときも、同様に準備して送ります（送り方は210ページ）。

このとき、不祝儀袋やお供物だけでは、慰めの気持ちは伝わりません。短くてもよいので、必ず手紙を添えて送りましょう（ショートメッセージの文例は255ページ）。

仏式法要の機会と案内の仕方

※一般的な目安であり、地域の慣習などにより異なります。

名称	行う時期	規模	案内方法
命日	亡くなった日		
初七日忌	死後7日目		葬儀の日に繰り上げて営むことが多い。
二七日忌	死後14日目	自宅で読経のみ。遺族(と僧侶)だけで行うことが多い。	口頭で連絡。
三七日忌	死後21日目		
四七日忌	死後28日目		
五七日忌	死後35日目		
六七日忌	死後42日目		
七七日忌(四十九日忌／満中陰)	死後49日目	忌明け法要として、親類・縁者を招く。	葬儀の日に口頭連絡または文書で案内。
百か日忌	死後100日目	親類・縁者を招く。	大規模なら文書で案内、近親者のみで行う場合は電話でも。
一周忌	死後満1年目		
三回忌	死後満2年目		
七回忌	死後満6年目	近親者だけで営むことが多い(三十三回忌または五十回忌を「弔い上げ」などと呼び、最後の法要として親類・縁者を招くこともある)。	
十三回忌	死後満12年目		
十七回忌	死後満16年目		
二十三回忌	死後満22年目		
二十七回忌	死後満26年目		
三十三回忌	死後満32年目		
三十七回忌	死後満36年目		
五十回忌	死後満49年目		

四十九日法要の案内状 1（基本）

施主 ➡ 親類・知人

❶謹啓　⚠❷梅花の候　皆様におかれましてはご清栄のことと存じます
先般　亡父の葬儀には　お忙しい中ご会葬いただき　そのうえ丁重
なご❸弔慰を賜りまして　まことにありがとうございました
さて来る三月十五日は
亡父　❹○○院○○○○
七七日《なななぬか》にあたります　つきましては当日左記のとおり法要を営みたく
存じます　ご多用中とは存じますがなにとぞご❺出席賜りますようご案
内申し上げます
❶謹　白
♥❻令和＊年二月
東京都千代田区神田駿河台○―○

ポイント
文書で案内する場合は、二つ折りカードなどに印刷し、出欠連絡用の返信はがきを添えて封書で送るのが基本です。

⚠注意点
おめでたい表現は避ける
時候のあいさつでの「春爛漫の候」「爽秋の候」、安否のあいさつでの「お慶び申し上げます」など、明るい印象の表現は控えます。

施主　○○○○

記⑦

日時⑧　令和＊年三月十五日（日）午前十一時より
場所　＊＊寺（住所、地図など）

⑨なお　法要のあと　＊＊寺別院にて粗餐を用意しております
お手数ではございますが　⑩三月五日までに同封のはがきにてご都合を
お知らせくださいますようお願い申し上げます

基本の構成

1. 頭語と結語
2. 時候・安否のあいさつ
3. 会葬・お悔やみへのお礼
4. 故人名と法要名
5. 出席の要請
6. 後付け（日付、差出人住所氏名）
7. 記書き（「以上」は不要）
8. 法要開催の日時・場所
9. 会食の案内
10. 出欠の案内

マナー

法要の1カ月前には届くように送る

先方の都合もあるので、余裕を持って案内します。返信の期限は、法要の7～10日前に設定します。

メモ

場所は寺院・自宅以外に墓地・ホテルなどでも

大規模なら寺院、小規模なら自宅を第一候補に考えます。交通アクセスや当日の進行によっては、法要室を併設した墓地や、法要プランを扱うホテルも検討しましょう。

法要の案内状

宗教的な形式や規模に応じた表現を用います

四十九日法要の案内状❷（納骨も行うとき）

施主→親類・知人

謹啓　日増しに秋の気配が濃くなってまいりましたが
皆様におかれましてはご清祥にお過ごしのことと存じます
先般母○○の葬儀に際しましては　お忙しい中ご会葬賜り　さらにはご厚志までいただきましたこと　あらためて心より御礼申し上げます
さて　来る＊月＊日は亡母の四十九日にあたります
つきましては　左記のとおり法要を営み　併せて納骨もとり行いたく存じます
皆様にはご多用のところ　霊園での納骨にもお立会いいただくことになりますが　何卒よろしくお願い申し上げます
なお、法要と納骨のあとには、供養のしるしに近くの料亭○○にて粗餐をさし上げたく存じます　お手数ですが＊月＊日までに同封のはがきにてご都合をお知らせくださいますようお願い申し上げます

敬白

ポイント
文例のあとに、記書きで日時・場所、移動方法（バスの準備の有無など）を案内します。

応用
コロナ禍により家族だけで法要を営むときの文例

謹啓　○○の候、皆様にはご清祥にお過ごしのことと存じます。

　さて、来る○月○日は亡父の○○忌にあたります。

　ゆかりの皆様をお招きしての法要開催を予定しておりましたが、時節柄、今回は家族のみにてとり行うことといたしました。なにとぞご理解のほど、よろしくお願い申し上げます。

　末筆ながら、皆様のご健勝をお祈り申し上げます。

謹白

四十九日法要の案内状③（ソフトに）

施主➡親類・知人

霜寒の候となりましたが、皆様にはおすこやかにお過ごしのことと存じます。

先般、亡夫○○の葬儀に際しましては、お忙しい中ご会葬いただき、まことにありがとうございました。皆様からのあたたかいお慰めを受け、少し気持ちが落ち着いてきたところです。

さて、早いもので、来る＊月＊日は、亡夫の四十九日にあたります。ご縁のあった皆様に遠方からお運びいただくのも心苦しく、ごく親しい方だけをお招きして、自宅でささやかな法要を営むことにさせていただきました。

午前11時より読経、その後、心ばかりの会食の席を設け、皆様から故人の思い出話などをお聞かせ願えればと存じます。

なにかとご多用の折に恐縮ですが、ご出席賜りますようお願い申し上げます。

♥**ご都合につきましては、後日あらためてお電話で伺う所存です。**

かしこ

ポイント
会合の案内をする場合は、日時や場所を記書きで別立てにするほうがわかりやすいものです。しかし、自宅で法要を営むときは日時だけを伝えればよいので、文章の中で案内してもよいでしょう。

♥マナー 出欠は主催者が聞く形で

少人数の場合は返信用のはがきを同封せず「後日、都合を伺うために連絡する」という方法をとることもあります。いずれにせよ相手に負担をかけない方法をとるのが礼儀です。

五十日祭の案内状（神式）

主催者→親類・知人

謹啓　早春の候　ご一同様にはご清祥のことと存じます
先般　亡妻○○の葬場祭の節は　ごていねいなご弔慰を賜りまして
あらためて厚く御礼を申し上げます
さて　来る＊月＊日に五十日祭を営みたく存じます
ご多用中まことに恐縮ではございますが、ご出席を賜りたく
ご案内申し上げます

謹言

日時　令和＊年＊月＊日(土)午前＊時より
場所　＊＊斎場

なお、霊祭後に**直会**の粗餐をご用意いたしております

(日付、施主の住所氏名)

お手数ではございますが＊月＊日までにご出欠のほどを同封の返信用はがきにてお知らせくださいますようお願いいたします

ポイント

神式では、五十日祭をもって忌明けとします。案内状の構成の仕方は、仏式の場合と同じです。

メモ

直会とは

祭の終了後に、神前に供えた御饌神酒《みけみき》を、神官と参列者でいただくことをさします。弔事《ちょうじ》に限らず、夏祭りや地鎮祭などの慶事でも直会《なおらい》を行います。

マナー

神式葬儀・霊祭出席者が準備する表書き

表書き
玉串料／御神饌料など

水引
黒白・銀一色・白一色の結びきり

記念会の案内状（キリスト教式）

主催者⬇親類・知人

花の便りが聞かれるころとなりましたが、皆様にはおすこやかにお過ごしのことと存じます。

先日、亡母○○の葬儀の際は、皆様からさまざまな⚠**お支え**をいただき、まことにありがとうございました。

月日のめぐるのは早いものだと実感するきょうこのごろでございます。

私ども家族の節目といたしまして、このたび、＊月＊日午後3時より、自宅におきましてささやかな記念会を開くことといたしました。お世話になりました皆様への感謝の気持ちをお伝えしつつ、故人を偲ぶひとときになればと考えております。

ご多用の折とは存じますが、お運びいただければたいへんありがたく存じます。ご都合のほどにつきましては、後日あらためましてこちらからご連絡いたします。

まずはご案内のみにて失礼いたします。

ポイント

キリスト教には、「○日（年）忌」という概念がありませんが、日本の慣習を踏まえて「節目の会」を開くことはあります。

注意点

キリスト教式の場合の表現は教会に確認を

「支えていただいた感謝」という表現を用いますが、教会により考え方が違うので事前に確認します。

マナー

キリスト教式葬儀・記念会出席者が準備する表書き

表書き
お花料

水引
なし

（専用の袋または白封筒を使用）

一周忌法要の案内状（基本／カードに印刷）

施主⬇親類・知人

謹啓　＊＊の候
皆様におかれましてはご清栄にお過ごしのことと存じます
さて　来る＊月＊日は　亡き父○○の一周忌にあたります
つきましては　左記のとおり法要を営みたく存じます
皆様にはご多用とは存じますが　何卒⇔**ご焼香賜りますよう**
ご案内申し上げます

謹白

（日付、施主の住所氏名）

記

日時　＊月＊日（日曜日）午前11時より
場所　＊＊ホテル3階＊＊の間

なお法要ののち同所にて粗餐をさし上げたく存じます　お手数ながら
＊月＊日までに　ご都合のほどを同封の返信用はがきにてご一報賜りますようお願い申し上げます

ポイント

一周忌以降の案内状の基本文例です。句読点を使わずに儀礼文書の体裁でととのえ、返信用はがきを同封して封書で案内します。

応用

出席をお願いする表現

▼ご臨席賜りたく
▼ご列席いただきたく

とすることもできます。ほかに、他人の来訪を敬う表現には「ご光臨」「ご来駕」などもありますが、慶事の式典によく用いられる晴れやかな表現のため、法要の案内には、ややそぐわない印象を与えます。

三回忌法要の案内状（やわらかい表現で）

施主→親類・知人

拝啓　残暑厳しき折ではございますが、
皆様にはお変わりなくお過ごしのことと存じます。

月日のたつのは早いもので、夫○○が他界いたしましてから、早くも2年がたとうとしております。一時はぼう然自失としておりましたが、皆様のあたたかい励ましとお力添えのおかげで、無事に**消光**しております。

つきましては、来る＊月＊日（日）午前11時より、自宅におきまして三回忌の法要を営みたいと存じます。生前、親しくしていただいた方だけのささやかな集まりでございますが、ご焼香いただければ、夫もさぞ喜ぶことと存じます。

なお、法要後は心ばかりの御膳を用意しておりますので、どうぞよろしくお願い申し上げます。

お手数ですが、同封のはがきにて、ご都合をお知らせくださいますようお願いいたします。

敬具

ポイント
近親者だけの法要を自宅で営む場合は、相手に語りかけるようなソフトな文章がマッチします。

応用
時間の流れの早さを表現
▼いつの間にか季節もうつろい（一周忌向き）
▼光陰矢の如しと申しますが（三回忌以降向き）

メモ
消光＝「暮らす」こと
法要の案内やあいさつにぴったりの、つつましさが感じられる謙譲表現です。

法要に欠席するおわびの返事

本人→法要の施主

本日、＊＊様の一周忌法要のご案内をいただき、月日の流れの早さを感じております。

ぜひお参りさせていただきたいのですが、あいにく家で老親を見ておりますため長時間の外出がかなわず、このたびは失礼させていただきます。

心ばかりではございますが、ご仏前にお供えいただきたく同封させていただきますので、どうぞよろしくお願い申し上げます。

向寒の折ですので、どうぞご自愛ください。

ポイント

返信用はがきで欠礼を知らせるのではなく、別に手紙を書き、「御供物料」とともに送ります。欠席理由を「先約」「旅行」とするのは失礼なので、書きにくいときは「家庭の事情」に。

法要欠礼者へのお礼

施主→親戚・知人

拝啓　晩秋の候、皆様にはご清祥のことと存じます。

さて、先日の亡夫＊＊の一周忌に際しましては、ごていねいなお手紙とご厚志を賜り、まことにありがとうございました。ご多忙を承知でご案内いたしましたことを、申しわけなく存じております。

おかげさまで、法要は滞りなく営むことができました。供養のしるしをお届けいたしますので、お納めくださいますようお願い申し上げます。

まずは書中にて御礼申し上げます。

敬具

ポイント

供物（料）を送ってくれた方へは、お礼状とともに法要の引き物を送ります。

法要案内への返信

一筆箋・カードに向くショートメッセージ

法要を欠席するとき、身内だけで営むとの連絡を受けたときは、一筆添えて供え物を送ります

出席いたします
月日がたつのは早いものですね。
お父上を偲びながらお参りさせていただきます。

申しわけありませんが欠席いたします。
あいにく、はずせない出張が入っております。
後日あらためてお参りさせていただく所存です。

法要のご案内をありがとうございました。残念ですが、
時節柄、当地から伺うのはさし控えさせていただきます。
静かに手を合わせ、お母上を偲ばせていただきます。

お父上が旅立ってから、もう1年たつのですね。遠方ゆ
えお参りは失礼させていただきますが、別便にてささや
かな気持ちをお送りいたしますのでお供えくださいませ。

*回忌法要をご家族で営む旨、承りました。
心ばかりではございますが、ご仏前にお供えくださいま
すよう、お願い申し上げます。

お母上の*回忌法要について、ごていねいなお便りをあ
りがとうございました。心落ち着かない毎日がつづきま
すが、皆様どうぞご自愛くださいますように。

杉本祐子（すぎもと　ゆうこ）

「くらし言葉の会」主宰。NHK 文化センター札幌教室「わかりやすいと言われる文章の書き方」講座講師。1957 年生まれ。津田塾大学卒業後、出版社勤務をへて、手紙や文章の書き方、冠婚葬祭のしきたりやマナーなどの編集や原稿執筆を行っている。主な著書は『心が伝わるお礼の手紙・はがき　マナー＆文例集』『心のこもった葬儀・法要のあいさつと手紙　マナー＆文例集』『女性のための相続の手続きがきちんとわかるガイドブック 』（以上、主婦の友社刊）などがある。

Staff

装丁
大薮胤美（フレーズ）

本文デザイン
横地綾子（フレーズ）

イラスト
わたなべさちこ

本文 DTP
鈴木庸子（主婦の友社）

編集協力
島崎日菜子

編集担当
三橋祐子（主婦の友社）

心《こころ》を伝《つた》える、すぐに役《やく》立《だ》つ
手《て》紙《がみ》・はがき・一《いっ》筆《ぴつ》箋《せん》の書《か》き方《かた》マナー大《たい》全《ぜん》

令和３年１月31日　第１刷発行

著　者　杉《すぎ》本《もと》祐《ゆう》子《こ》
発行者　平野健一
発行所　株式会社主婦の友社
〒141-0021
東京都品川区上大崎 3-1-1 目黒セントラルスクエア
電話 03-5280-7537（編集）
03-5280-7551（販売）
印刷所　大日本印刷株式会社

ISBN978-4-07-446210-0

■本書の内容に関するお問い合わせ、また、印刷・製本など製造上の不良がございましたら、主婦の友社（電話 03-5280-7537）にご連絡ください。
■主婦の友社が発行する書籍・ムックのご注文は、お近くの書店か主婦の友社コールセンター（電話 0120-916-892）まで。
＊お問い合わせ受付時間　月～金（祝日を除く）9:30 ～ 17:30
主婦の友社ホームページ https://shufunotomo.co.jp/